Schriften des Vereins für Socialpolitik

Gesellschaft für Wirtschafts- und Sozialwissenschaften

Neue Folge Band 81

SCHRIFTEN DES VEREINS FÜR SOCIALPOLITIK

Gesellschaft für Wirtschafts- und Sozialwissenschaften

Neue Folge Band 81

Neue Dimensionen der Arbeitsmarktpolitik in der BRD

DUNCKER & HUMBLOT / BERLIN

Neue Dimensionen der Arbeitsmarktpolitik in der BRD

Von

Gerhard Kleinhenz
Dieter Mertens, Ulrich Pagenstecher

Herausgegeben von Heinz Lampert

DUNCKER & HUMBLOT / BERLIN

Alle Rechte vorbehalten
© 1975 Duncker & Humblot, Berlin 41
Gedruckt 1975 bei Berliner Buchdruckerei Union GmbH., Berlin 61
Printed in Germany
ISBN 3 428 03463 5

Vorwort des Herausgebers

Der Ausschuß für Sozialpolitik hat sich auf seinen Tagungen in Wien im September 1973 und in Hamburg im September 1974 — neben Problemen der Gesundheitspolitik — mit der Qualität der Arbeitsmarktpolitik in der Bundesrepublik auseinandergesetzt.

Dieter Mertens, Leiter des Instituts für Arbeitsmarkt- und Berufsforschung der Bundesanstalt für Arbeit, hat — ausgehend von einem Defizit an Quantifizierung und modellartiger Aufbereitung der Ziele und Verfahren der Arbeitsmarktpolitik in der BRD — in seinem Referat „Quantitative Arbeitsmarktpolitik" für eine stärkere Konkretisierung arbeitsmarktpolitischer Leitbilder durch die Quantifizierung von Zielen plädiert und die Anforderungen herausgearbeitet, die an eine konkrete arbeitsmarktpolitische Programmatik gestellt werden müssen. Während Mertens die Frage behandelt, wie die Qualität der Arbeitsmarktpolitik durch Zielquantifizierung verbessert werden kann, hat G. Kleinhenz in seinem Aufsatz „Qualität der Arbeit' als Ziel der Sozialpolitik" untersucht, wie qualitative arbeitsmarktpolitische Ziele — z. B. Vermeidung „unterwertiger Beschäftigung" (§ 2 Arbeitsförderungsgesetz) oder „bestmögliche Beschäftigung" (aus dem sozialpolitischen Zielkatalog der Kommission der Europäischen Gemeinschaften) — operationalisiert werden können. U. Pagenstecher schließlich hat in seiner Arbeit „Die sozialpolitische Bedeutung ‚allokativer' Arbeitsmarktpolitik" die Fragen behandelt, welche sozialpolitischen Wirkungsmöglichkeiten eine an Allokationsaspekten orientierte Arbeitsmarktpolitik hat und welche wohlfahrtsökonomischen Effekte eine sozialpolitisch ausgerichtete Arbeitsmarktpolitik hervorzubringen vermag.

Die derzeitige (Frühjahr 1975) Arbeitsmarktlage mag es dringlicher erscheinen lassen, sich mit Problemen des Arbeitsmarktausgleichs zu beschäftigen, statt darüber nachzudenken, wie die Qualität der Arbeit und der sozialpolitische Gehalt der Arbeitsmarktpolitik verbessert werden können. Eine der wesentlichen Aufgaben der Wissenschaftler ist es jedoch, sich losgelöst von aktuellen Problemen mit der Zukunft zu beschäftigen und gerade dadurch aktuell zu sein, daß die Zukunft die Gegenwart von morgen ist.

Herrn Dietrich Schönwitz, wiss. Assistent am Institut für Volkswirtschaftslehre an der Universität Augsburg, danke ich im Namen des Ausschusses für Sozialpolitik für seine Hilfe bei der Herausgabe dieser Schrift.

Heinz Lampert, Augsburg

Inhaltsverzeichnis

Quantitative Arbeitsmarktpolitik
Von *Dieter Mertens*, Erlangen 9

„Qualität der Arbeit" als Ziel der Sozialpolitik
Von *Gerhard Kleinhenz*, Köln 29

Die sozialpolitische Bedeutung „allokativer" Arbeitsmarktpolitik
Von *Ulrich Pagenstecher*, Nürnberg 61

Quantitative Arbeitsmarktpolitik*

Aktuelle Zielprobleme der Arbeitsmarktpolitik und Arbeitsmarktforschung

Von *Dieter Mertens*, Erlangen

1. Thesen zur Einleitung:

Begründung für eine quantitative Arbeitsmarktpolitik

1.1 Die Forderung nach mehr Lebensqualität und nach einer qualitätsorientierten politischen Programmatik ist Resonanz auf eine einseitig an quantitativen Wachstumsindikatoren ausgerichtete *Wirtschafts*politik. Im Zuge der logischen Entfaltung dieser Debatte darf aber nicht übersehen werden, daß das Rationalitäts- und Transparenzstadium der modellhaften Zielquantifizierung in jedem Politikbereich eine notwendige Voraussetzung auch einer rationalen Qualitätsdebatte ist, und daß diese Stufe in wichtigen Politikbereichen noch gar nicht erreicht ist. Außer in

---

* Dieses Referat wurde im Sommer 1973 für die Jahrestagung des Ausschusses für Sozialpolitik im September 1973 in Wien ausgearbeitet. Die Konjunktursituation der Jahre 1974/75, welche teilweise andere Explikationsbeispiele nahegelegt hätte, konnte also noch nicht einbezogen werden. Dennoch liegt mir daran, den Gedankengang unverändert vorzulegen, da nur so reflektiert werden kann, inwieweit das Plädoyer für eine stärker rationalisierte, mit rechenhaften Zielen operierende Arbeitsmarktpolitik auch unabhängig von aktuellen Teilproblemen tragfähig ist. M. E. erweist sich die Notwendigkeit einer solchen Weiterentwicklung der Politik in der Rezession eher noch deutlicher als in Vollbeschäftigungssituationen. Beispielsweise ist es ganz unbefriedigend, wenn dem seit Ende 1973 verordneten Anwerbestopp keine expliziten quantitativen Zuwanderungsziele, seien sie als Ausländerplafonds oder als Wanderungsquoten oder wie auch immer definiert, gegenüberstehen. Diese Art von perspektivenlosem Krisenmanagement birgt tendenziell den Keim für neue, künftige Friktionen.

Ein anderes Anwendungsbeispiel, das gegenwärtig in der Arbeitsmarktpolitik eine Rolle spielt, ist das neuerdings aktuell gewordene Problem der Jugendlichen-Arbeitslosigkeit. Konkrete demographische Perspektiven in Verbindung mit jahrgangsspezifischen Ablaufvariationen für die Verwirklichung des Bildungsgesamtplans (etwa hinsichtlich der Durchsetzung des 10. Schuljahres und des Berufsgrundbildungsjahres) hätten die Eckdaten für konkrete kurz- und mittelfristige Strategien auf den Teilarbeitsmärkten für Jugendliche zu sein. Eine ganz aktuelle Erörterung einer zielorientierten quantitativen Arbeitsmarktpolitik in der Rezession findet sich in den WSJ-Mitteilungen, Heft 2/1975, S. 63 ff.: *L. Reyher*, Beschäftigungspolitische Alternativen zu hoher Arbeitslosigkeit.

der Wachstums- und Konjunkturpolitik werden politische Programme quantifiziert in der Finanz-, Verkehrs-, neuerdings auch in der Landwirtschafts- und Bildungspolitik und teilweise in der Sozialpolitik. Andere politische Ressorts (in Verbänden, Parteien, Parlamenten und Regierungen) orientieren sich in ihrer Programmatik nach wie vor an zentralen Verbalzielen oder Grundwerten und bleiben insofern einer quantitativen Programmkontrolle weitgehend entzogen (Entwicklungshilfe, Außenpolitik, Integrationspolitik, Familien- und Jugendpolitik usf.). Für alle Ressorts nimmt zwar der Trend zur Ausweisung rechenhafter und insofern kontrollierbarer Ziele zu; jedoch ist dabei in den verschiedenen Organisationsbereichen der Gesellschaft ein unterschiedlicher Stand erreicht. Möglicherweise läßt sich die Formel „Qualität vs. Quantität" auch als Unbehagen an der Divergenz interpretieren, die darin liegt, daß wirtschaftspolitische Ziele häufig quantifiziert vorliegen, andere Ziele dagegen nur deklamatorisch. Für diese Interpretation spricht das breite Interesse an der Entwicklung von Sozialindikatoren.

1.2 Die folgenden Überlegungen befassen sich mit dem Defizit an Quantifizierung und modellhafter Aufbereitung von Zielen und Verfahren auf dem Gebiet der Arbeitsmarktpolitik, und zwar am Beispiel des zentralen Postulats der Arbeitsmarktpolitik, daß

„weder Arbeitslosigkeit und unterwertige Beschäftigung noch ein Mangel an Arbeitskräften eintreten oder fortdauern" solle
(Ziel des ausgeglichenen Arbeitsmarktes, § 2^1 Arbeitsförderungsgesetz).
Wesentliche Teilgebiete einer Politik des quantitativen Arbeitsmarktausgleichs sind

a) die Abstimmung zwischen Leistungsanforderung der Wirtschaftspolitik an das Beschäftigungssystem und den autonomen Entwicklungszielen des Beschäftigungssystems,

b) die Politik der Arbeitszeitgestaltung,

c) die Politik der Erwerbsquotengestaltung, insbesondere durch Abstimmung mit der

   ca) Sozialpolitik (Alterserwerbsquote),

   cb) Bildungspolitik (Jugenderwerbsquote) und

   cc) Familienpolitik (Frauenerwerbsquote),

d) die Politik der Bevölkerungsentwicklung, und zwar als
   da) inländische Bevölkerungspolitik und
   db) Wanderungspolitik,
   sowie

e) die Politik der „Außenbeziehungen" des Beschäftigungssystems, soweit diese über Fragen der Bevölkerungswanderung hinausreicht, und schließlich — in gewissem Grade — auch

f) die Politik der Gestaltung von Arbeitsbedingungen, soweit diese von Einfluß auf Arbeitsvolumen und Arbeitsproduktivität sind.

1.3 Die Teilziele auf diesen Gebieten lassen sich durchweg innerhalb eines Modellzusammenhangs quantitativ darstellen und auf Plausibilität (z. B. Widerspruchsfreiheit und simultan verträgliche Beschäftigungseffekte) kontrollieren, und zwar sowohl für die kurze wie für die mittlere und lange Sicht. Daß dies kaum geschieht, liegt möglicherweise (neben anderen Ursachen, unter denen vor allem der Stellenwert von Arbeitsmarktpolitik eine Rolle spielt: sie ist oft Resultante anderer Politiken) auch daran, daß der innere Systemzusammenhang der Arbeitsmarktverhältnisse nur wenig bewußt ist oder zumindest in der Tagespolitik nur wenig reflektiert wird. Auffallend ist stattdessen gerade auf diesem Gebiet die Dominanz monokularer oder bipolarer Betrachtungsweisen. So wird etwa als unausweichliche Folge eines vermeintlichen Arbeitsmarktentzugseffektes bestimmter bildungspolitischer Maßnahmen eine entsprechende Zunahme der Ausländerbeschäftigung behauptet, oder Veränderungen in der tariflichen Wochenarbeitszeit werden in einen Mehrbedarf an Arbeitnehmern, zuweilen auch in ein Produktionsdefizit umgerechnet. Das Denken in Alternativpositionen dieser Art prägt weithin die (arbeitsmarkt-)politische Landschaft.

1.4 Damit ist Arbeitsmarktpolitik dadurch gekennzeichnet, daß hier ein naiveres Betrachtungs- und damit Beurteilungsniveau der öffentlichen, auch kompetenten Meinung zu zentralen Steuerungsgrößen gegeben ist, als etwa in der Wirtschaftspolitik, wo zumindest das Instrument der volkswirtschaftlichen Gesamtrechnung zur Sichtbarmachung von Interdependenzen und Sensibilitäten genutzt wird. Diese Feststellung ist keine Kritik an der Politik: Quantitative Modelle für die Wirtschaftspolitik wurden bereits vor 40 Jahren entwickelt, die ersten Vorstellungen von Systemen des „demographic accounting" und „social accounting" dagegen erst im letzten Jahrzehnt. Entsprechend diesem Rückstand der Modellbildung ist auch die Arbeitsmarktstatistik nicht so entfaltet wie die Wirtschaftsstatistik, und nicht so, wie sie es sein müßte, um ausgereifte Modellvorstellungen zu befriedigen. (Erst Ende der Siebziger Jahre werden die langen Lücken zwischen den Volks- und Berufszählungen durch eine amtliche Beschäftigtenstatistik teilweise geschlossen.)

Es empfiehlt sich daher, der Arbeitsmarktpolitik in der gegenwärtigen Phase des Übergangs zwischen naivem Liberalismus und systematisch verschaffter Zieltransparenz als Aufgabe

a) eine klarere Bestimmung des Stellenwertes arbeitsmarktpolitischer Ziele, und

b) die Herstellung rationaler, rechenhafter Entscheidungskalküle

nahezulegen. Noch das erste, sonst durchaus rechenfreundliche Langzeitprogramm der SPD enthält beispielsweise kaum beschäftigungspolitische Zielgrößen (die Ausländerbeschäftigung wird lediglich im Zusammenhang mit der Wohnungsbaupolitik erwähnt!). Da Gesellschaftspolitik nicht nur Finanzpolitik sein kann, sollte dieser Zustand in späteren Programmen aller Parteien, der Sozialpartner und der Bundesregierung überwunden werden.

2. Entscheidungsmuster

2.1 Ausgangspunkt könnte ein einfaches Kalkül entsprechend dem abgebildeten Schema sein[1]. Alle Komponenten in dieser Darstellung sind rechenhaft. Das Schema ist sowohl zur systematischen Behandlung der realisierten Größen, wie potentieller Volumen, wie prognostizierter Zustände, wie auch von Zielbündeln geeignet. Die einzelnen Größen sind durch einfache Rechnungsarten miteinander verbunden.

2.2 Arbeitsleistungen werden von Arbeit leistenden Personen mit der ihnen spezifischen Produktivität innerhalb ihrer Leistungszeit erbracht.

Normalerweise wird die (erbrachte oder zu erbringende) Leistung als Resultat des Zusammenspiels von Faktoren dargestellt. Dabei wird nicht danach unterschieden, ob es sich um Angebotsfaktoren handelt, die sich gegenüber der Leistungsnachfrage durchgesetzt haben, oder um Nachfragefaktoren, die sich gegenüber dem Angebot durchgesetzt haben. Daraus entstehen zahlreiche Mißverständnisse. Wenn beispielsweise nach Ablauf einer Periode errechnet wird, daß das Produktivitätswachstum in einer Volkswirtschaft 3 % betragen hat, dann lesen die einen aus dieser Information heraus, daß diese Volkswirtschaft nicht mehr zu leisten imstande war (Angebot), und die anderen, daß von dieser Volkswirtschaft nicht mehr an Leistung gefordert wurde (Nachfrage). (Angesichts der Fülle der heute preisbestimmenden Faktoren löst auch ein Blick auf die Preisentwicklung nicht mehr die Frage, wer denn nun hier recht habe, ebensowenig wie ein Blick auf die Arbeitslosen- und Offene-Stellen-Statistik, die nur bestimmte Teilaspekte des Beschäftigungsgrades beleuchten.)

---

[1] Es folgt hier eine knappe Zusammenfassung der ausführlicheren Erläuterungen in meinem Aufsatz „Der Arbeitsmarkt als System von Angebot und Nachfrage", in: Mitteilungen aus der Arbeitsmarkt- und Berufsforschung, Heft 1/1974, S. 36 ff.

Aktuelle Zielprobleme der Arbeitsmarktpolitik

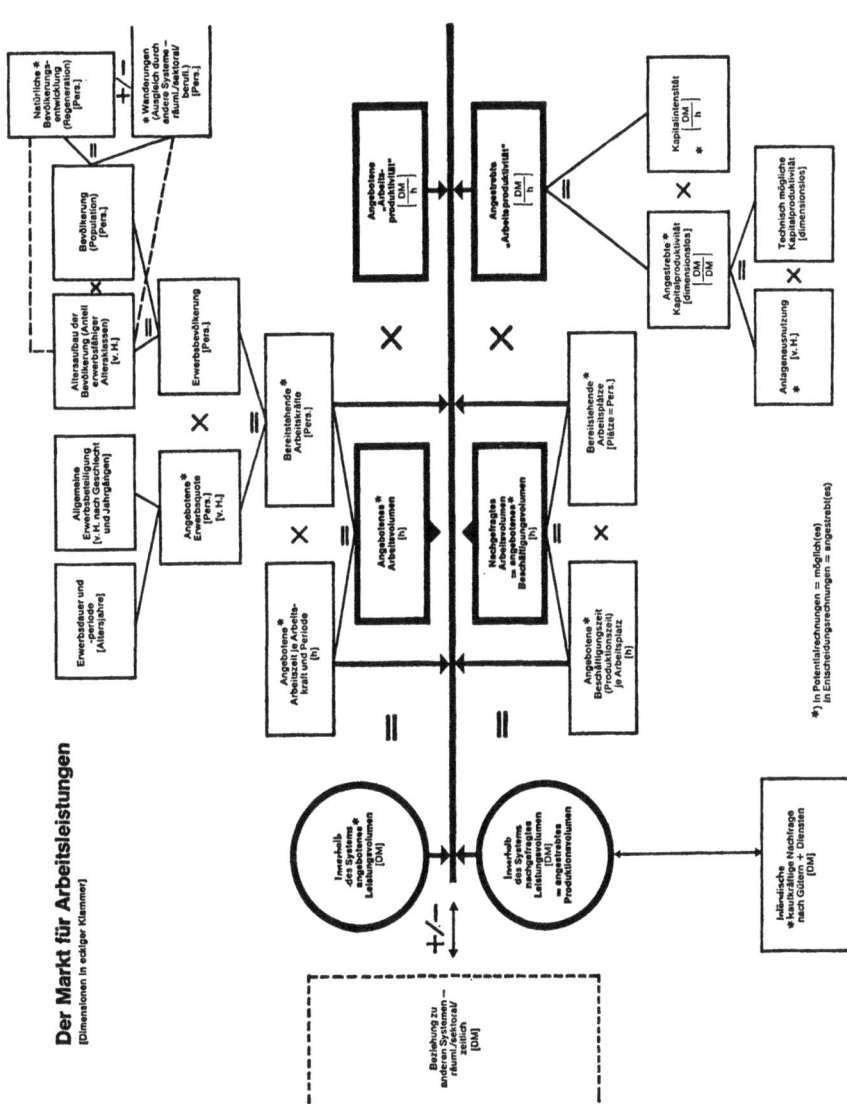

Es ist deshalb nützlich, den Markt nicht vom Resultat der Angebots-Nachfrageverhältnisse her zu beurteilen, sondern von den Ausgangsbedingungen auf der Angebots- und auf der Nachfrageseite her, die in der Regel verschiedenartig sind und deren Anpassung nur erzwungen wird, damit überhaupt produziert wird.

Es ist bedenklich, die so zustandegekommenen Anpassungsresultate der Vergangenheit zum Maßstab für den Spielraum der einzelnen Größen in der Zukunft zu erheben.

2.3 Geht man von den beiden Marktseiten aus, so stellen sich Angebot und Nachfrage zunächst als kongruente Grundgleichungen dar: Arbeitskräfte bieten Arbeitszeit und Arbeitskräfteproduktivität an; Beschäftiger fragen Arbeitskräfte — in möglicherweise anderer Zahl — mit einer bestimmten Arbeitszeit (die nicht selten vom Arbeitszeitangebot der Kräfte verschieden ist) und einer bestimmten Arbeitskräfteproduktivität (die wiederum vom Produktivitätsangebot verschieden sein kann) nach.

Auf beiden Seiten werden die vor dem Ausgleich gedachten Größen ihrerseits im einzelnen wiederum rechnerisch bestimmt durch die eigentlichen Variablen:

Güternachfrage, Außenbeziehungen, technischer Entwicklungsstand, Kapitalausstattung (Nachfrage nach Arbeitsleistungen) bzw.
Einkommens-/Freizeitpräferenzen, Erwerbs(bereitschafts)quote, Bevölkerungsentwicklung (mit Altersaufbau), Wanderungssaldo und weitere Außenbeziehungen (Angebot an Arbeitsleistungen).

2.4 Ungleichgewichte in einem Beschäftigungssystem münden im Prinzip regelmäßig in eine Entscheidungssituation, in der ein überschaubarer und beschreibbarer Fächer von Optionen (substitutiv oder komplementär) zur Verfügung steht. Für den Fall eines im Verhältnis zur Leistungsnachfrage unzureichenden Leistungspotentials bestehen — unter Außerachtlassung der Preisproblematik — für die Seite des Leistungsangebots folgende Verhaltensalternativen:

— Leistungsverweigerung,
— Leistungsverzögerung (Übertragung in eine andere Periode),
— Leistungsumschichtung (Erfüllung zu Lasten einer anderen Leistung),
— Leistungsminderung
    — quantitativ (Endproduktion),
    — qualitativ (quantitative Auswirkung bei den Vorleistungen),
— Leistungsverlagerung (an Zulieferanten, Kartellpartner, den „Markt", Ausland usw.),
— Produktivitätssteigerung,

— Arbeitszeiterweiterung (Überstunden, Urlaubsverkürzung usw.),
— Erhöhung des Arbeitskräftebestandes
  — aus eigenen Reserven,
  — durch Zuzug aus anderen Beschäftigungssystemen (fachlich, räumlich) zu deren Lasten oder aus deren Reserven,
  — aus allgemeinen Reserven (z. B. aus demographischen Überschüssen).

Nur einige dieser Alternativlösungen verändern ausschließlich Größen innerhalb eines geschlossenen Teilmodells, andere (Verlagerungen, Beziehungen zu anderen Systemen) öffnen das System in fachlicher, zeitlicher und/oder räumlicher Dimension.

2.5 Eine buchführende Arbeitsmarktforschung (wie sie für die kurzfristige Diagnose bereits, soweit es die statistische Datenlage erlaubt, im Institut für Arbeitsmarkt- und Berufsforschung verwirklicht ist) verbucht die einzelnen Größen des Modells in einem Kontenrahmen, der auch Außenkonten enthält. Simulationsrechnungen erlauben, die Sensibilität der Resultanten (Leistungsangebot, Leistungsnachfrage) in bezug auf jede einzelne Determinante für ein bestimmtes konkretes Beschäftigungssystem (beispielsweise die Bundesrepublik Deutschland 1975) zu messen.

Ohne eine genaue Sensibilitätsvorstellung können erhebliche Beurteilungs- oder gar Entscheidungsfehler anfallen. Ein Beispiel möge dies verdeutlichen: Es wurde bereits in Vollbeschäftigungsjahren zuweilen gesagt, daß eine bessere Eingliederung älterer Erwerbspersonen als Alternative zu der bestehenden Ausländerbeschäftigung zu betrachten sei. Die (sozialpolitisch unbestrittene) Relevanz dieser Alternative ist jedoch in quantitativer Hinsicht gering: Selbst eine Verringerung der Erwerbslosigkeit älterer deutscher Arbeitnehmer um 50 % im Jahre 1973 hätte die Ausländerbeschäftigung nur im Umfang von wenig über 1 % berührt.

3. Die Zuwanderungsfrage (Entscheidungsbeispiel)

3.1 Ein aktuelles Beispiel für ein arbeitsmarktpolitisches Entscheidungsdilemma ist die Frage der künftigen Strategien in der Gastarbeiterfrage[2].

Die Ausgangssituation ist gekennzeichnet durch die bekannten Verzerrungen der deutschen Bevölkerungspyramide, welche seit Jahren eine schrumpfende inländische Erwerbsbevölkerung zur Folge haben. (An-

---

[2] Vgl. auch *D. Mertens*, Alternativen der Ausländerbeschäftigung, in: Gewerkschaftliche Monatshefte, 1/1974, S. 1 ff., wo ich mich ausführlicher mit dem hier nur exemplarisch angerissenen Fragen beschäftigt habe.

dere Faktoren, die häufig mehr im Vordergrund der Betrachtung stehen, wie die zunehmende Bildungsneigung und die Verkürzung der Arbeitszeiten, haben für die Bundesrepublik Deutschland durchweg keine anderen Tendenzen als für andere Volkswirtschaften ähnlichen Entwicklungsstandes.) Dies unterscheidet die Angebotssituation auf dem Arbeitsmarkt entscheidend gegenüber den Situationen in weltwirtschaftlich konkurrierenden Industrieländern.

Bei im Großen und Ganzen parallelen säkularen Wachstumszielen in den europäischen Industrieländern besteht seit längerem eine generelle Tendenz zum Ausgleich der Diskrepanzen in der Bevölkerungsentwicklung der einzelnen Länder durch nivellierende Wanderungen. (Die Bevölkerungsentwicklung ist als Indikator für die Entwicklung des Arbeitskräftepotentials aus demographischen Quellen über längere Fristen brauchbar[3].)

3.2 Die demographische Entwicklung der inländischen Erwerbsbevölkerung wird Mitte der Siebziger Jahre auf einem Tiefpunkt angelangt sein, sich dann aber nur vorübergehend (bis Ende der Achtziger Jahre) mildern, bis sich der jüngste Geburtenknick auszuwirken beginnt. Bis zum Ende des Jahrtausends wird die „demographische Lücke" (als Differenz zwischen einer durch Kriegseinwirkungen ungestörten und der tatsächlichen Bevölkerungspyramide) zwischen 1,5 und 3,5 Millionen Personen pendeln, zyklische Bewegungen einmal ausgeklammert.

Eine solche Erscheinung kann nicht als vorübergehendes (konjunkturelles) Phänomen, welches lediglich eine Überbrückungsmaßnahme mit Pufferfunktion bedingen würde, betrachtet werden.

Folgende Strategien sind denkbar, um die demographische Lücke zu schließen:

3.3 Die gängigste Empfehlung: Die Kapitalakkumulation der Bundesrepublik soll zunehmend auf Investitionen im unterbeschäftigten Ausland verlagert werden. Damit soll gleichzeitig dem Arbeitskräftemangel in der Bundesrepublik und dem Arbeitskräfteüberschuß im Ausland abgeholfen werden, ohne daß Arbeitskräfte wandern müssen. Dieser „Ausweg" hat bisher nur den Charakter einer Deklamation gehabt; wirtschaftliche Gefälle sind so nicht beseitigt worden. Abgesehen von allen anderen (vor allem in den betreffenden Entwicklungsländern selbst liegenden) Gründen dürfte ausschlaggebend sein, daß der für die Auslösung einer solchen Investitionsverlagerung notwendige Umfang staatlicher Unterstützung durch Zuschüsse, Zinssubventionen, Garantien usw. ein Mehrfaches des gegenwärtig üblichen Anteils der Entwicklungshilfe am BSP und am Bundeshaushalt bedingen würde, wofür die gesell-

---

[3] Hierzu die Übersicht im Anhang.

schaftliche Zustimmung nicht zu erlangen ist. Immerhin würde diese Strategie bedeuten, daß man öffentliche Mittel zum Zwecke einer Wachstumsdrosselung in der Bundesrepublik zugunsten einer Wachstumsbeschleunigung in auf lange Sicht auch weltwirtschaftlich konkurrierenden Ländern einsetzt. Es ist nicht realistisch, dies als eine derzeit innenpolitisch mögliche politische Strategie anzusehen.

3.4 Nicht die Regionalverteilung, sondern das *Ausmaß* der Kapitalakkumulation könnte zur Disposition gestellt werden. Dies etwa im Zuge der ohnehin aktuellen Diskussion um eine Relativierung des Wachstumsziels. In diesem Fall würde es sich nicht um eine Investitions- und Produktionsumlenkung auf andere Länder handeln, sondern um eine Reduktion der gesamtwirtschaftlichen Nachfrage. Es ist zu beachten, daß diese Strategie tatsächlich eine Nachfragedrosselung beinhalten müßte; eine reine Umstrukturierung der Nachfrage würde im vorliegenden Zusammenhang kaum von Belang sein, bzw. eher gerade den umgekehrten als den gewünschten Effekt erzeugen: Die tertiären Bereiche sind in der Regel arbeitsintensiver als die sekundären.

Das Für und Wider der Theorien der Wachstumsdrosselung soll hier nicht erörtert werden, insbesondere nicht die produktionstheoretischen Probleme. Noch wichtiger dürfte das wirtschaftspolitische Zentralproblem sein, ob und inwieweit eine solche Strategie unabhängig von weltwirtschaftlichen Verflechtungen in *einem* Land betrieben werden kann, ohne daß der politische Stellenwert dieses Landes infragegestellt wird, was politisch wiederum nicht als durchsetzbar gelten kann.

3.5 Es kann darüber diskutiert werden, ob für die Bundesrepublik eine weitere sprunghafte Beschleunigung des Wachstumstempos der Produktionsleistung je Arbeitsvolumenseinheit („Produktivität") in Betracht kommt, und welche Instrumente zur Realisierung dieser Strategie empfohlen werden können. Vorerst ist Skepsis angebracht: Nachhaltige Beschleunigungen des Produktivitätstempos sind in vollbeschäftigten Wirtschaften in der Regel nur noch über eine solche Zunahme des Nachfragedrucks erreichbar (man denke an die Korrelation zwischen gesamtwirtschaftlicher Produktions- und Produktivitätsentwicklung), wie sie unter Stabilitätsgesichtspunkten für nicht vertretbar gehalten wird und im übrigen nach allen Erkenntnissen über die auch bestehende Korrelation zwischen Produktivitäts- und Beschäftigungsentwicklung gleichzeitig auch einen weiter zunehmenden Beschäftigtenbedarf mit sich bringen würde.

Querschnittsanalysen haben ferner gezeigt, daß besonders hohe Gastarbeiteranteile keineswegs mit besonders trägen Produktivitätsentwicklungen zusammentreffen, wie dies häufig angenommen wird, sondern häufiger mit überdurchschnittlichem Produktivitätswachstum.

Schließlich muß auch eine Güterabwägung vorgenommen werden: Dem gesellschaftspolitischen Zündstoff, der möglicherweise in der Ausländerbeschäftigung angelegt ist, steht — falls der Ausgleich über beschleunigte Produktivitätssteigerungen durch beschleunigten Strukturwandel und noch raschere Rationalisierung versucht wird — die gesellschaftliche Belastung durch einen zu hohen Mobilitätsdruck gegenüber, die vielleicht als noch unmittelbarer bedrohlich empfunden wird.

Die auf mittlere Sicht geplanten Steigerungsraten der gesamtwirtschaftlichen Produktivität unterscheiden sich übrigens nicht wesentlich von dem in anderen Ländern erzielbaren Tempo, so daß auf besondere Produktivitätsreserven in der Bundesrepublik wegen der langjährigen Zuwanderung von Arbeitskräften nicht vertraut werden darf.

3.6 Der Trend der Einschränkung des Arbeitsvolumens durch Verkürzungen der wöchentlichen, jährlichen und lebenslangen Arbeitszeit je Erwerbsperson könnte umgekehrt werden. Die Komplementarität der Beschäftigungsstrukturen nach Qualifikationsgraden dürfte ohnehin einen Ersatz ausländischer Arbeitskräfte durch die Erhöhung der individuellen zeitlichen Inanspruchnahme von Inländern zumindest teilweise als illusionäre Bilanzierung erscheinen lassen. Vor allem aber dürfte eine solche Strategie politisch utopisch sein (wie sich schon einmal — 1966 —, als die damalige Bundesregierung einen solchen Appell herausgab, gezeigt hat). Sie wäre auch gesellschaftspolitisch und im internationalen Vergleich widersinnig.

3.7 Die Entwicklung der Zahl der inländischen Erwerbspersonen könnte, statt weiterhin dem Zufall bzw. „autonomen" Tendenzen überlassen zu bleiben, politische Zielgröße werden. Dabei müßte das Ziel eine erhebliche, geradezu sprunghafte Anhebung der erwerbstätigen Inländer sein, wie man sie nur durch drastische Maßnahmen erreichen könnte.

Wenn die letzte Strategie ernsthaft diskutiert wird, so ist zu beachten, daß die Erwerbsquote der Männer in den Erwerbsjahrgängen als ausgeschöpft gelten darf, und daß die Strategie einer Anhebung der Jugend- und Alterserwerbstätigkeit weder gesellschaftlich sehr sinnvoll erscheint noch quantitativ viel erbringen würde. Somit verbleiben als nennenswerte Quellen für die Anhebung der Zahl inländischer Erwerbspersonen nur
— eine rapide und wesentliche Erhöhung der Frauenerwerbstätigkeit und/oder
— eine massive Einbürgerungspolitik, indem unter den Zuwanderern Einwanderungswillige ermittelt und unter den in solchen Fällen auch in anderen Einwanderungsländern üblichen Voraussetzungen bevorzugt naturalisiert werden.

Diese beiden Möglichkeiten sind im wesentlichen gegeneinander abzuwägen oder simultan zu nutzen. Beide Möglichkeiten haben Gemeinsamkeiten: Sie erfordern beide ein drastisches Umdenken, d. h. einen deutlichen Ausbruch aus eingefahrenen Vorstellungs- und Verhaltensweisen der deutschen Gesellschaft. Beide Strategien haben humanitäre Nebeneffekte: Der Förderung der Frauenemanzipation entspricht die Förderung der Teilhabe unterprivilegierter Bevölkerungen an der Wohlstandsgesellschaft als Beitrag zu einer globalen Ausgleichspolitik.

Soll die Frauenerwerbstätigkeit in der erforderlichen Größenordnung angehoben werden, so reichen Maßnahmen, die die Arbeitsaufnahme für Frauen erleichtern (Kindertagesstätten, Teilzeitarbeit, Ganztagsschulen, bessere Rechtsstellung) bei weitem nicht aus. Trotz eines immensen Investitionsaufwandes (Infrastrukturfolgekosten auch hier!) sind nach bisherigen Erhebungen und Berechnungen damit nur wenige Prozent Frauen mehr für die Erwerbstätigkeit kurzfristig zu gewinnen. Mit radikaleren Maßnahmen, die die Erwerbsquoten der Frauen auf das Niveau der Verhältnisse im Ostblock annähern könnten (effektive Gleichstellung von Mann und Frau in Familie und Beruf), sind nur sehr langfristig nachhaltige Wirkungen zu erzielen, wenn nicht — wovon nicht auszugehen ist — Zwang hinzukommen soll.

Immerhin ist aber eine solche Zielposition vorstellbar, bei der von radikalen heute getroffenen Maßnahmen erstrebt würde, daß erwerbstätige Frauen in 20 oder 30 Jahren die demographische Lücke schließen; (nur) in diesem Fall könnten die ausländischen Arbeitnehmer in der Bundesrepublik als eine, wenn auch nicht mehr konjunkturelle, so aber doch befristete Übergangslösung betrachtet werden, zumindest was den derzeitigen Umfang ihrer Beschäftigung angeht.

Wenn man sich zu solchen Strategien und Maßnahmen nicht entschließt, bleibt nur die Strategie der Einbürgerung als Alternative zu der sozial instabilen gegenwärtigen Behelfslösung der Wanderarbeit mit ungeklärter individueller und gesamtpolitischer Zukunft und ungeklärtem arbeitsmarktpolitischen Stellenwert.

4. Ein Anforderungskatalog für eine konkrete arbeitsmarktpolitische Programmatik

4.1 Die genannten Gründe (Abschnitt 1), gezeigten Betrachtungsmodelle (Abschnitt 2) und Beispiele für aktuelle Beurteilungsdilemmata (Abschnitt 3) verbinden sich zu dem Wunsch nach einem Verfahrensmuster für die Zielfindung und -verfolgung in der Arbeitsmarktpolitik, das gewisse Mindeststandards (als Rationalitätskriterien) setzen würde.

Eine arbeitsmarktpolitische Rahmenregelung könnte einen wesentlichen Beitrag zur Aufarbeitung des aufgezeigten Rationalitätsrückstandes leisten. Sie müßte so entworfen sein, daß beschäftigungspolitische Langfristziele, Stellenwerte und Tendenzen auf ihrer Grundlage zu ermitteln, offenzulegen, zu diskutieren und zu überprüfen und auf ihren jeweiligen Verwirklichungsgrad hin zu kontrollieren wären.

4.2 Bestandteile eines solchen Rahmens könnten — teilweise in Anlehnung an die Gegenstände des Stabilitätsgesetzes — folgende Vorschriften an die Exekutive sein:

a) Die *langfristigen Ziele* der Arbeitsmarktpolitik sind offenzulegen. Dabei ist der Rang der Arbeitsmarktpolitik innerhalb einer allgemeinen Subsistenzpolitik (oder noch allgemeiner: innerhalb der Gesellschaftspolitik) zu beschreiben.

b) Eine *eindeutige Vollbeschäftigungsdefinition*, die auch für andere gesetzliche Grundlagen (Beispiel: wirtschaftspolitische Gesetze) gültig ist, ist zu geben. Diese Definition muß sowohl die quantitativen, wie die qualitativen Definitionsmerkmale enthalten, die auch zur Bestimmung von „unterwertiger Beschäftigung" (§ 2^1 AFG) dienen.

c) Es ist eine *Rangordnung von Förderungszielen* anzugeben.

Beispiele: Regionale versus berufliche Mobilität,
Fortbildung versus Umschulung,
passive versus aktive Sanierung,
Wirtschaftsförderung versus Bildungsförderung (im Rahmen arbeitsmarktpolitischer Fondsverwendung).

d) Es sind *Maßnahmenkombinationen* vorzuschreiben.

Beispiele: Ansiedlungsförderung mit komplementärer oder darüber hinausgehender (kompensatorischer) Bildungsförderung, Ausländerbeschäftigung mit Infrastrukturförderung.

e) Das Gesetz soll langfristige Ziele nicht in vagen Postulaten angeben, sondern die Exekutive beauftragen, von Zeit zu Zeit *exakte* langfristige *Zielgrößen* zu nennen.

Beispiele: Nicht: „Die Frauenerwerbstätigkeit ist zu fördern", sondern: „Ziel ist, daß jede Frau, die ... (Bedingungen), wenn sie dies wünscht, in das Erwerbsleben eingegliedert wird", oder: „Ziel ist eine Frauenerwerbsquote von ... ".

Nicht: „Möglichst viele Jugendliche sollen eine berufsqualifizierende Ausbildung erhalten", sondern: „Ziel ist, daß kein Jugendlicher ohne berufliche Qualifikation erwerbstätig wird."

f) Die Exekutive wird verpflichtet, in regelmäßigen, rollierenden *mittelfristigen Zielprojektionen* für die im Gesetz oder laut Gesetz zu nennenden langfristigen Zielgrößen den von ihr auf bestimmte mittlere Sicht angestrebten Verwirklichungsgrad zu nennen.

   Beispiele: „In fünf Jahren soll der Anteil der Schulabgänger, der ohne berufliche Qualifikation erwerbstätig wird, von heute 15 auf sodann 10 % gesenkt werden."
   „In den nächsten fünf Jahren sollen ... hunderttausend ausländische Arbeitnehmer, die dies wünschen, auf Dauer integriert werden."

g) Das Gesetz soll Instrumente zur systematischen *Koordination* verschiedener arbeitsmarktpolitischer Entscheidungsträger enthalten („Konzertierte Aktion" zur Arbeitsmarktpolitik zwischen Ressorts des Bundes und der Länder, den Kommunen und den Sozialpartnern).

h) Die Exekutive wird verpflichtet zur *Erfolgskontrolle und Berichterstattung* hinsichtlich der Realisierung der lang-, mittel- und kurzfristigen arbeitsmarktpolitischen Ziele.

i) Für den Einsatz arbeitsmarktpolitischer Instrumente sind generelle Regeln, teilweise auch *Regelindikatoren* zu setzen.

   Beispiele: „Besondere Maßnahmen zur Förderung der Frauenerwerbstätigkeit setzen ein, sobald in einem Bezirk die Frauenerwerbsquote unter ... % liegt."
   „Die Industrieansiedlung ist aus Förderungsmitteln der Arbeitsmarktpolitik zusätzlich zu begünstigen, sobald in einem Bezirk die Arbeitsmarktkriterien xyz erfüllt sind."

k) Die öffentlichen Hände werden angehalten, gesetzliche Maßnahmen auf anderen Gebieten mit den Grundsätzen des arbeitsmarktpolitischen Rahmengesetzes in *Einklang* zu halten.

   Beispiele: Energiepolitik, Landwirtschaftspolitik, Raumordnungspolitik.

l) Bei *Gesetzentwürfen* sind neben den finanziellen auch die beschäftigungspolitischen Wirkungen zu nennen.

m) Es sind *Kriterien für die Identifizierung von Problembereichen* zu nennen (Warnindikatoren).

   Beispiel: „Ein Wirtschaftsbereich, in dem über ... Jahre regelmäßig ein Beschäftigungsrückgang von ... % jährlich zu verzeichnen war, wird als arbeitsmarktpolitischer Problembereich angesehen, welcher den Einsatz besonderer Förderungsmaßnahmen erfordern kann."

n) Alle öffentlichen Hände und andere Beschäftiger einer bestimmten Größenordnung werden zur mittelfristigen, die wichtigsten öffentlichen Beschäftigungsbereiche (Bundesbahn, Bundespost usw.) auch zur langfristigen *Beschäftigungsvorausschau* nach Mustern, welche Mindestkriterien angeben, angehalten.

o) Es sind Kriterien für die Vervollständigung und Verbesserung des statistischen Instrumentariums auf dem Gebiet der *Erwerbsstatistik* zu nennen, welche aus den Anforderungen der arbeitsmarktpolitischen Rahmenregelung abzuleiten sind. Dabei ist es zweckmäßig, die Exekutive auch zur Einrichtung einer demographischen, bildungs- und erwerbsstatistischen Gesamtrechnung zu verpflichten, in deren Form mittelfristige Projektionen, Erfolgsberichte und Zielaussagen formuliert werden können.

p) Es sind Regeln für die unabhängige *wissenschaftliche Beratung* der Arbeitsmarktpolitik zu setzen.

4.3 Für eine Rationalisierung von Zielsetzungen durch Quantifizierung geeignete Größen sind:

a) die Erwerbsquote der Männer,
b) die Erwerbsquote der Jugendlichen,
c) die Ausbildungsquote der Jugendlichen,
d) die Quote der Erwachsenen im Weiterbildungssystem,
e) die Alterserwerbstätigkeit (die Zielgröße kann sich auf Quoten oder auf das Pensionierungsalter beziehen),
f) die Frauenerwerbsquote (nach Kategorien des Familienstandes),
g) Außenwanderungs- und Einbürgerungsgrößen,
h) Arbeitslosenquoten, darunter auch: Winterarbeitslosenquoten in Relation zu Maßnahmen produktiver Winterbauförderung,
i) Arbeitszeitgrößen,
k) Produktivitätsindikatoren.

Ein weitergehender Katalog würde auch Quantifizierungen zur angestrebten Mobilität und Binnenwanderung einschließen können.

4.4 Mit diesen Vorstellungen wird nicht die Idee verbunden, daß Arbeitsmarktpolitik eine weit autonomere oder zentrale Bedeutung im politischen Entscheidungsgefüge erhalten müsse, sondern vor allem die Meinung, daß es die Realisierung solcher Zielvorstellungen, von denen ohnehin Autonomie behauptet wird, fördern würde, wenn die Exekutive konkretere Richtlinien an der Hand hätte, wie aus Postulaten Perspektiven entwickelt werden sollen. Ferner würde eine Weiterentwicklung in der angegebenen Richtung als ein denkbarer Beitrag zu

Übersicht

Natürliche und tatsächliche Bevölkerungsbewegung in ausgewählten Ländern
Jahresdurchschnittliche Wachstumsraten 1963 - 1969 in v. H.

	natürlich (Geb.-überschuß)	tatsächlich (nach Wanderung)
Europa	0,8	0,8
EWG	0,7	0,8
Bundesrepublik Deutschland	0,5	0,9
Belgien	0,4	0,6
Niederlande	1,1	1,2
Luxemburg	0,3	0,7
Dänemark	0,7	0,8
Frankreich	0,6	0,9
Irland	1,0	0,4
Italien	0,9	0,8
Großbritannien	0,6	0,7
Weitere vergleichbare Länder		
Österreich	0,5	0,5
Schweden	0,5	0,8
Schweiz	0,9	1,3
Finnland	0,8	0,6
Japan	1,1	1,1
Sowjetunion	1,1	1,1
„Einwanderungsländer"		
Argentinien	1,4	1,5
Australien	1,1	2,0
Canada	1,3	1,8
USA	0,9	1.2
Südafrika	.	2,4
Neuseeland	1,4	1,6
Israel	1,9	2,9
Anwerbeländer		
Türkei	.	2,5
Jugoslawien	1,2	1,1
Griechenland	1,0	0,7
Portugal	1,2	0,9
Spanien	1,2	1,0
Marokko	.	2,9
Tunesien	.	2-3
Welt		2,0
Afrika		2,5
Amerika		2,1
Nordamerika		1,2
Lateinamerika		2,9
Ostasien		1,8
Südasien		2,7
Ozeanien		2,1
UdSSR		1,1
Europa ohne UdSSR		0,84

Quelle: Statistical Yearbook 1970 (UNO).

einer laufenden Sozialberichterstattung zu verstehen sein, d. h. als ein den Instrumenten der Wirtschaftspolitik wenigstens annähernd ebenbürtiges Mittel der gesellschaftspolitischen Selbstkontrolle auf einem Gebiet.

Es wäre dagegen ein Mißverständnis, Entwicklungen in dieser Richtung oder die Debatte darüber als einen Gegenstand von Gesellschafts*planung* anzusehen. Die Konkretisierung politischen Wollens durch den Übergang von Input-Maßen der Leistung (z. B. finanzielle Fortbildungsaufwendungen für ...) auf Output-Maße (z. B. Änderung der Fortbildungsbeteiligung von ... um ...) bedingt insbesondere keine stärkere unmittelbare Gängelung des einzelnen. Sie stellt nur eine bestimmte Rationalitätsstufe dar, auch für die konkrete politische Debatte um Werte und Prioritäten. Auch hier ist nicht an Individual-, wohl aber an Globalsteuerung zu denken, nicht an direkte, wohl aber an indirekte Lenkung. Nur so wird ja auch der Anspruch eingelöst werden können, den der Begriff „aktive Arbeitsmarktpolitik" beinhaltet. Das, was tatsächlich unter diesem Begriff bislang geschieht, stellt dagegen wohl eher eine antizipierend-reaktive Politik dar, nämlich den Versuch, kommende Änderungen von Wirtschafts- und Sozialstrukturen vorauszusehen und die notwendige arbeitsmarktpolitische Reaktion darauf vorwegzunehmen. Leitcharakter hat eine solche Politik (noch) nicht. Die gedachte Aufhebung der Pufferfunktion des Arbeitsmarktes ist jedenfalls mit den bisherigen Maßnahmen (noch) nicht erfolgt.

Hinweise zur Literatur

Statistische Literatur: Für quantitative internationale Zustandsvergleiche liegt inzwischen eine Fülle gut aufbereiteter bevölkerungs-, sozial-, bildungs- und wirtschaftsstatistischer Daten vor, die von den großen internationalen Organisationen betreut wird: UNO, ILO, EG (SAEG), Europarat, OECD.
Die Eckdatenlage in der Bundesrepublik Deutschland, die bislang durch die Volks- und Berufszählungen, die Mikrozensen und die Teilstatistiken des Statistischen Bundesamtes bestimmt ist, erfährt ab 1976 eine entscheidende Verbesserung durch die geplante jährliche und — für bestimmte Merkmale — monatliche Beschäftigtenstatistik der Bundesanstalt für Arbeit.

Quantitative Diagnose und Prognose: Die arbeitsmarktanalytische Verarbeitung der Primärstatistik erfolgt v. a. durch den Sachverständigenrat zur Begutachtung der gesamtwirtschaftlichen Entwicklung, durch das Institut für Arbeitsmarkt- und Berufsforschung der Bundesanstalt für Arbeit und durch die einschlägigen wirtschaftswissenschaftlichen Forschungsinstitute im Rahmen regelmäßiger Berichterstattungen. Berechnungen der Ministerien und interministerieller

Arbeitskreise sind in ihren Details häufig nicht öffentlich zugänglich; Resultate finden sich in den mittelfristigen Wirtschaftsvorausschauen und der jährlichen Berichterstattung des BMWi, sowie im Sozialbericht der Bundesregierung.

Methodische Fragen der Quantifizierung: Demographic Aspects of Manpower (Schriftenreihe der UN), New York, seit 1962.

James G. Scoville: Concepts and Measurements for Manpower and Occupational Analysis, Washington D.C., 1969.

Demographic Accounting: Wird vor allem durch die OECD gefördert:

Vgl. Richard Stone: Demographic Accounts for Educational Model-Building and Planning, hektogr. Paris 1967; sowie ders.: Demographic Input-Output, an Extension of Social Accounting, hektogr. Genf 1968.

Potentialdiagnose und Kontenrahmen: D. Joh. Jüttner: Arbeitspotential, Arbeitsmarktreserven und Vollbeschäftigung, in: Zeitschrift f. d. ges. Staatswiss., 1/128, 1972, S. 22 ff.

W. Klauder, G. Kühlewind: Zur längerfristigen Vorausschätzung des Arbeitskräfteangebots in der Bundesrepublik Deutschland. Technik, Probleme, Möglichkeiten und Grenzen, in: Mitteilungen des IAB, 10/1969, S. 787 ff.

L. Reyher: Kurzfristige Arbeitsmarktanalyse. Ziele, Methode, bisherige Ergebnisse. Materialien aus der Arbeitsmarkt- und Berufsforschung, Heft 12/1970.

K. Tewes, B. Lehwert, R. Schmidt: Zur kurzfristigen Prognose der Beschäftigtenzahl und der Löhne in der BRD, in: Die Weltwirtschaft, Heft 2/1971, S. 202 ff.

Zum Prognoseproblem: Jean Vincens: La prévision de l'emploi, Paris 1970.

Über die Vorausschätzung der Beschäftigung. Berichtsband der Kommission der EG über ein Gruppenpraktikum in Erlangen (Nov. 1971), Brüssel 1972.

U.S. Dept. of Labor: Manpower Projections, Washington, Aug. 1967.

Zu Strukturfragen: F. W. Fröhlich: Wachstumsbedingte Strukturwandlungen und ihre Auswirkungen auf den Arbeitsmarkt (Diss. Köln), Köln 1969.

Quantitative Evaluierung von Arbeitsmarktpolitik: Prüfungsbericht der OECD über Arbeitsmarktpolitik in der Bundesrepublik Deutschland, Paris 1974.

Bericht der Bundesregierung und Materialien zur Lage der Nation 1971 (enthält zahlreiche quantitative Vergleiche mit der DDR).

Bericht der Bundesregierung nach § 139 AFG (Arbeitsförderungsbericht), Bundestagsdrucksache 7/403 vom 23. 3. 1973.

Zum Stand der Arbeitsmarktforschung: D. Mertens: Zur Topographie der Arbeitsmarktforschung, in: Mitteilungen aus der Arbeitsmarkt- und Berufsforschung, 1/1970, S. 3.

Ders.: Gesellschaftlicher Wandel und Beschäftigungssystem, in: Wirtschaftlicher und sozialer Wandel durch technischen Fortschritt, Beiheft 18 zur „Konjunkturpolitik", Berlin 1972, S. 105 ff.

Teilgebiete quantitativer Arbeitsmarktpolitik:

G. Kühlewind: Alternativrechnungen zur quantitativen Auswirkung von Änderungen der Ruhestandsgrenze auf das Arbeitskräfteangebot, in: Mitteilungen aus der Arbeitsmarkt- und Berufsforschung, Heft 3/1970, S. 277 ff.
B. Külp, R. Müller: Alternative Verwendungsmöglichkeiten wachsender Freizeit, Göttingen 1973.
W. Karr: Tafeln zur Ermittlung der Beschäftigungsveränderung bei alternativer wirtschaftlicher Entwicklung, in: Mitteilungen des IAB, 6/1969, S. 456 ff.
D. Mertens: Längerfristige Arbeitsmarktprognose bei alternativer Arbeitsmarkt- und Gesellschaftspolitik, in: Mitteilungen des IAB, 10/1969, S. 781 ff.
D. Biehl, T. Tewes: Der Bildungsbereich im gesamtwirtschaftlichen Rahmen — eine kritische Stellungnahme zu Teil IV des Bildungsgesamtplans der Bund-Länder-Kommission für Bildungsplanung, Kiel 1971 (hektograph. Manuskr.). (Enthält quantifizierte Überlegungen zur vermeintlichen Alternative Ausländerbeschäftigung/restriktive Bildungspolitik).
B. Teriet: Kompilierte Projektion, in: Mitteilungen aus der Arbeitsmarkt- und Berufsforschung, Heft 3/1973.

Ansätze zu einem Entscheidungsrahmen für quantitative Arbeitsmarktpolitik in konkreten Problemsituationen:

Autorengemeinschaft: Alternativrechnungen zur Entwicklung des Arbeitsmarktes 1974. Annahmen, Maßnahmen und ihre Auswirkungen, in: Mitteilungen aus der Arbeitsmarkt- und Berufsforschung, Heft 4/1973, S. 281 ff.
W. Klauder u. a.: Zur Arbeitsmarktentwicklung bis 1980. Modellrechnungen unter Berücksichtigung der „Energiekrise", in: Mitteilungen aus der Arbeitsmarkt- und Berufsforschung, Heft 1/1974, S. 1 ff.
Bundesanstalt für Arbeit (A. Paul, K. Knöferl, J. Kühl, L. Taplik): Überlegungen zu einer vorausschauenden Arbeitsmarktpolitik, Nürnberg 1974.

Arbeitsmarkttheorie und Arbeitsmarktpolitik:

Nicht aufgenommen sind in diese Auswahl Schriften aus der sehr umfangreichen jüngeren Literatur zur Bildungsökonomie und Bildungspolitik, auch wenn sie sich unter berufsstrukturellen Aspekten unter anderem mit Fragen berühren, welche die quantitative Arbeitsmarktpolitik betreffen. Ebenfalls sind nicht aufgeführt primär wirtschaftspolitisch oder sozialpolitisch orientierte Schriften. Dagegen ist die Theorie der Labor Economics m. E. für eine Weiterentwicklung der quantitativen Arbeitsmarktpolitik von unmittelbarem Interesse; einige Schriften sind deshalb erwähnt. Juristische und administrative Literatur dagegen fehlt, ebenso die Teilmärkte behandelnde soziologische Literatur.

Reiner Buchegger: Bestimmungsgründe der Erwerbsquoten und Prognose des Arbeitskräftepotentials, Reihe „Arbeitsmarktpolitik", Heft XI, Linz 1972.

John Corina: Labour Market Economics, London 1972.

John A. Delahanty (ed.): Manpower Problems and Policies, Scranton 1969 (Textbook).

M. I. J. Dyk (Bearb.): Dokumentation zur Arbeitsmarktpolitik, Sonderdruck der Reihe „Arbeitsmarktpolitik", Linz 1972.

U. Engelen-Kefer: Arbeitsmarktpolitik und technischer Wandel, in: Beihefte der „Konjunkturpolitik", Heft 18/1972, S. 129 ff.

H. Giersch: Beschäftigungspolitik ohne Geldillusion, in· Die Weltwirtschaft, Heft 2/1972, S. 127 ff.

R. Aaron Gordon (ed.): Toward a Manpower Policy, New York u. a. 1967.

B. Külp und W. Schreiber (Hrsg.): Arbeitsökonomik, Köln 1972.

L. A. Lecht: Manpower Needs for National Goals in the 1970's, New York u. a. 1969.

D. Mertens: Rationale Arbeitsmarktpolitik, München 1970.
Ders.: Arbeitsmarkt als System, in: Mitteilungen aus der Arbeitsmarkt- und Berufsforschung, 3/1973, S. 36 ff.

W. Mieth: Ein Beitrag zur Theorie der Lohnstruktur, Göttingen 1967.

J. H. Müller: Theoretische Grundlagen eines Konzepts einer aktiven Arbeits- und Beschäftigungspolitik, hektograph. Manuskript, Freiburg 1970.

Dieter Schröder: Wachstum und Gesellschaftspolitik, Prognos-Studien, Stuttgart u. a. 1971.

I. H. Siegel (ed.): Manpower Tomorrow, Report on a Conference, New York 1967.

C. G. Williams: Labor Economics, New York 1970.

Zum Abschnitt 3 des Referats: Die Thesen zur Gastarbeiterfrage beruhen im wesentlichen auf eigenen Ermittlungen und internen Unterlagen des IAB. Die hinzugezogene Literatur und weitere Quellen zur Gastarbeiterbeschäftigung sind in Sonderheft 3 der Literaturdokumentation zur Arbeitsmarkt- und Berufsforschung (Nürnberg 1974) dokumentiert.

Besondere Erwähnung verdienen:

Stadtentwicklungsreferat der Landeshauptstadt München: Kommunalpolitische Aspekte des wachsenden ausländischen Bevölkerungsanteils in München („Abreß-Studie"), München 1972, Arbeitsberichte zur Fortschreibung des Stadtentwicklungsplans, Nr. 4.

Abgeordnetenhaus von Berlin, Abschlußbericht des Planungsteams „Eingliederung der ausländischen Arbeitnehmer und ihrer Familien", Drucksache 6/739 vom 2. 2. 1973.

S. Bullinger, P. Huber, H. Köhler, A. E. Ott, A. Wagner: Die volkswirtschaftliche Bedeutung der Beschäftigung ausländischer Arbeitnehmer in Baden-Württemberg, Gutachten im Auftrag des Arbeits- und Sozialministeriums Baden-Württemberg, Tübingen 1972.

Anke Peters: Die Bundesrepublik Deutschland als Beschäftigungsland für ausländische Arbeitnehmer, in: Mitteilungen aus der Arbeitsmarkt- und Berufsforschung, 4/1972, S. 285 ff.

Außerdem die jährlichen statistischen Berichte „Ausländische Arbeitnehmer" der Bundesanstalt für Arbeit, Nürnberg (ab 1970).

"Qualität der Arbeit" als Ziel der Sozialpolitik

Grundlegende Überlegungen über Möglichkeiten der
Operationalisierung und der Verwirklichung qualitativer
Zielsetzungen für die abhängige Beschäftigung

Von *Gerhard Kleinhenz*, Köln

Einführung: Die Relevanz der Problemstellung in der politischen
Ökonomie der Arbeit und der praktischen Arbeitsmarktpolitik

Die traditionelle wirtschaftswissenschaftliche Beschäftigung mit dem gesellschaftlichen Phänomen der abhängigen Arbeit und mit der Arbeitsmarktpolitik ist offenbar durch eine Diskrepanz zwischen Problembewußtsein und Stand tatsächlicher Problembearbeitung gekennzeichnet. Die wissenschaftlichen Problemstellungen, die sich aus der Bindung der Arbeitsleistung an die Person des Arbeitenden und aus der Bedeutung der Arbeit für die Lebenslagen der Mehrheit der Bevölkerung in den entwickelten Industriegesellschaften ergeben, werden zwar in der Regel besonders hervorgehoben[1], ihre wissenschaftliche Bearbeitung wird aber in der auf Marktvorgänge konzentrierten und überwiegend modelltheoretisch ausgerichteten ökonomischen Arbeitsmarktanalyse vernachlässigt[2]. Soweit wissenschaftsprogrammatisch, sozialethisch und/oder gesellschaftspolitisch begründete umfassendere Ansätze auch die „außerökonomischen", humanen Aspekte der abhängigen Beschäftigung erfaßten,

---

[1] Vgl. nur *Walter Eucken*: Grundsätze der Wirtschaftspolitik. Bern. Tübingen 1952. S. 43 ff. u. 185 ff. — *Heinz Lampert*: Die Wirtschafts- und Sozialordnung der BRD. 4. Aufl. München 1973. S. 186 f. — *Eduard Willeke*: Art. „Arbeitsmarkt". In: HdSW. Bd. 1 1956. S. 321 ff. Die u. a. von Willeke angesprochene Frage, ob die menschliche Arbeitskraft als „Ware" angesehen werden und man daher überhaupt von einem „Arbeitsmarkt" sprechen könne und solle, würde der Verfasser ungeachtet der formalen terminologischen Freiheit hier im Anschluß an den verbreiteten Sprachgebrauch zugunsten der Verwendung des Begriffs „Arbeitsmarkt" entscheiden. Mit der Terminologie braucht sich jedoch nicht die materielle Vorstellung zu verbinden, daß der Arbeitsmarkt gleich einem Warenmarkt organisiert sein und funktionieren soll, sondern nur, daß „die freie Begegnung von Angebot und Nachfrage nach Arbeit" gegeben sein soll. Vgl. *Oswald von Nell-Breuning*: Kapitalismus — kritisch betrachtet. Freiburg 1974. S. 118 f.

[2] Vgl. *Bernhard Külp, Wilfrid Schreiber* (Hrsg.): Arbeitsökonomik. Köln 1972. S. 9 ff.

wurden ihre Ergebnisse bislang kaum in die ökonomische Arbeitsmarktanalyse integriert[3].

Die praktische allgemeine Wirtschafts- und Sozialpolitik und die Arbeitsmarktpolitik in einem engeren Sinne[4] haben vermutlich eine Fülle tatsächlicher Auswirkungen auf die „Qualität der Arbeit". Insbesondere für die Politik der Ordnung des Arbeitsmarktes (Freiheit der Arbeitsplatzwahl, Tarifautonomie), den sozialpolitischen Arbeitnehmerschutz und die Sicherung eines hohen Beschäftigungsstandes dürften positive Konsequenzen im Sinne der politisch relevanten Vorstellungen über die „Qualität der Arbeit" angenommen werden können[5]. Die qualitativen Aspekte der tatsächlichen politischen Gestaltung und Beeinflussung des Arbeitsmarktes wurden bisher kaum als Problem und politische Aufgabe von Bedeutung formuliert. Die erklärte Priorität der laufenden politischen Beeinflussung des Arbeitsmarktes liegt in der Bundesrepublik Deutschland — wie in anderen westlichen Industrienationen — bei dem Ziel der Vollbeschäftigung[6]. Auch bei diesem Ziel überwiegt bzw. überwog zumindest bis vor kurzem die Ausrichtung auf den quantitativen Aspekt des Ausgleichs von Angebot und Nachfrage auf dem Gesamtarbeitsmarkt gegenüber den strukturellen Beschäftigungsproblemen auf den u. a. auch nach formal-qualitativen Kriterien (z. B. Geschlecht, Qualifikation) gebildeten Teilarbeitsmärkten[7].

Unmittelbar qualitative Zielsetzungen der praktischen Arbeitsmarktpolitik werden erst in jüngster Zeit und erst durch weitgehend inhaltlich-unbestimmte Formeln angesprochen. So enthält das Arbeitsförderungsgesetz den Auftrag für die Bundesanstalt für Arbeit, „dazu beizutragen,

---

[3] Vgl. *John Corina:* Labour Market Economics. A Short Survey of Recent Theory. London 1972. S. 8 ff. Die relative Vernachlässigung der wohl als notwendig erkannten, substantiv-humanen Fragestellung (vgl. *William K. Kapp:* Zum Problem der Enthumanisierung der „reinen Theorie" und der gesellschaftlichen Realität. In: Kyklos. Vol. XX (1967). S. 307 ff., S. 329) dürfte sowohl auf die hier nicht näher analysierbaren Bedingungen institutionalisiert-arbeitsteiliger Wissenschaft und die Schwierigkeiten interdisziplinärer Forschung als auch auf den Einfluß der jeweiligen gesellschaftlichen Problem- und Zielvorstellungen auf die Basisentscheidungen der Wissenschaftler zurückzuführen sein.

[4] Vgl. zur Abgrenzung einer Arbeitsmarktpolitik im weiteren und im engeren Sinne *Dieter Mertens:* Rationale Arbeitsmarktpolitik. Frankfurt 1970. S. 7 ff.

[5] Vgl. *Heinz Lampert:* Die Wirtschafts- und Sozialordnung der BRD. S. 171 ff. — Vgl. auch *Hans-Dieter Weger:* Sozialpolitische Analyse der Konjunkturpolitik. Berlin 1973.

[6] Vgl. *E. S. Kirschen* u. a.: International vergleichende Wirtschaftspolitik. Berlin 1967. Daß auch die Inhalte dieses Zieles allerdings noch nicht unumstritten sind, zeigt *Christian Watrin:* Die Forderung nach Vollbeschäftigung. In: Wirtschaftspolitischer Zielkonflikt und katholische Soziallehre. Köln 1968. S. 39 ff.

[7] Vgl. dazu auch den Beitrag von *Dieter Mertens* in diesem Band.

daß ... weder Arbeitslosigkeit und *unterwertige Beschäftigung* ... eintreten oder fortdauern"[8]. In der sozialpolitischen Programmatik der Europäischen Gemeinschaft, in der die Beschäftigungspolitik deklariert eine zentrale Rolle einnimmt[9], wird als Ergänzung der Politik der Vollbeschäftigung eine *„Arbeitskräftepolitik"* mit dem Ziel der *„bestmöglichen Beschäftigung"* gefordert[10].

Die Berücksichtigung und relative Bedeutungszunahme qualitativer Ziele für die Arbeitsmarktpolitik kann im Zusammenhang gesehen werden mit allgemeinen gesellschaftspolitisch relevanten Entwicklungen. Bei der „öffentlichen Meinung", bei relevanten Verbänden und Politikern sowie in Ansätzen sozialer Bewegungen läßt sich m. E. eine Zunahme der gesellschaftlichen Aufmerksamkeit für die Erscheinungen und Ursachen gesellschaftlicher Schwäche der Lebenslagen von Personenmehrheiten erkennen. Die staatliche Sozialpolitik entwickelte sich mehr und mehr von der „Lazarettstation des Kapitalismus" zur relativ autonomen, aktiven und nicht nur reaktiven sowie die formalen individuellen Freiheitsrechte durch Sozialinvestitionen und soziale Dienstleistungen auch materiell sichernden und gesellschaftsgestaltenden Politik[11]. Die in der jüngeren Vergangenheit dominierende Ausrichtung der Gesellschaftspolitik auf das Wirtschaftsleben[12] und an dem quantitativen Maßstab des Wachs-

---

[8] Arbeitsförderungsgesetz (AFG). In: Bundesgesetzblatt. Teil I. Jg. 1969, S. 583. § 2 (Betonung von mir, G. K.). Diese zunächst verbreitet in einem engen Sinne als „nicht eignungsgerechter Beschäftigung" (*Mertens:* Rationale Arbeitsmarktpolitik. S. 11) interpretierte Zielsetzung wird jetzt von der Bundesanstalt als umfassenderes und den anderen Aufgaben zunehmend gleichrangiges qualitatives Ziel verstanden, das noch einer weiteren Operationalisierung bedarf. Vgl. Bundesanstalt für Arbeit (Hrsg.): Überlegungen zu einer vorausschauenden Arbeitsmarktpolitik. Nürnberg 1974. S. 17 ff.

[9] Vgl. *Gerhard Kleinhenz:* Leitbilder und Zielsysteme der Sozialpolitik der Europäischen Gemeinschaften. In: *Horst Sanmann* (Hrsg.): Leitbilder und Zielsysteme der Sozialpolitik. Schriften des Vereins für Socialpolitik. N. F. Bd. 72. Berlin 1973. S. 185 ff., bes. S. 213 f.

[10] Vgl. Kommission der EG (Hrsg.): Vorläufige Ausrichtung für ein Programm einer gemeinschaftlichen Sozialpolitik (vom 17. 3. 1971). Sonderbeilage 2/71 zum Bulletin der EG Nr. 4, Brüssel 1971. S. 50 ff. — Dies. (Hrsg.): Leitlinien für ein sozialpolitisches Aktionsprogramm (vom 19. 4. 1973). Beilage 4/73 zum Bulletin der EG Brüssel. 1973. S. 8 f.

[11] Vgl. *Detlef Marx:* Aspekte einer aktiven Sozialpolitik. Votum zu dem gleichnamigen Beitrag von H. P. Widmaier und *Hans-Peter Widmaier:* Aspekte einer aktiven Sozialpolitik. Zur politischen Ökonomie der Sozialinvestitionen, beide in: *Horst Sanmann* (Hrsg.): Zur Problematik der Sozialinvestitionen. Schriften des Vereins für Socialpolitik. N. F. Bd. 40. Berlin 1970. — *Hans Günter:* Sozialpolitik und post-industrielle Gesellschaft. In: Soziale Welt. Jg. 24 (1973). S. 1 ff. — *Gerhard Kleinhenz* und *Heinz Lampert:* Zwei Jahrzehnte Sozialpolitik in der BRD. Eine kritische Analyse. In: ORDO. Bd. XXII (1971). S. 103 ff. — *Bruno Molitor:* Einst wüste Sinnlichkeit. Sozialpolitik in der Wohlstandsgesellschaft. In: Wirtschaftswoche. Jg. 27 (1973). Nr. 41. S. 60 ff.

[12] Vgl. — wenn auch unter einem engeren Aspekt — *Gerhard Kleinhenz:* Die Ausrichtung der Sozialpolitik auf das Arbeits- und Wirtschaftsleben als Problem einer Sozialreform. Jg. 17 (1971). S. 321 ff.

tums des Bruttosozialprodukts wurde durch extreme Entwicklungen wie die räumliche Ballung und Umweltgefährdung sowie die „Verknappung" von Rohstoffen in Frage gestellt. Die Suche nach (neuen bzw. ergänzenden) Sozialindikatoren für die „Qualität des Lebens" wurde zu einem zentralen Gegenstand der Gesellschaftswissenschaften und der politischen Programmierung und Planung[13].

Das Ziel des folgenden Aufsatzes ist ein grundlegender Beitrag zur wissenschaftlichen Analyse von noch relativ beliebig interpretierbaren Ziel-Leerformeln für die „Qualität der Arbeit", die für die Mehrheit der Bürger zu einem wesentlichen Teil die „Qualität des Lebens" bestimmen dürfte. Dieser Beitrag soll im einzelnen bestehen 1. in der Klärung der kategorialen und methodischen Grundlagen der Analyse, 2. in der Bestimmung der (auf der Basis des nomologischen und historischen Wissens und der unterstellten gesellschaftspolitischen Normen) vorläufig möglichen inhaltlichen Konkretisierungen und schließlich 3. in ersten Hinweisen auf den Möglichkeitsbereich zur Verbesserung der „Qualität der Arbeit" durch die staatliche Sozialpolitik, durch die Gestaltung der Arbeitsbedingungen im Rahmen der Tarifautonomie der Arbeitsmarktparteien und durch das individuelle Arbeitsmarktverhalten der Arbeitgeber und Arbeitnehmer. Die mit dieser Aufgabenstellung angestrebte Operationalisierung des Ziels „Qualität der Arbeit" geht davon aus, daß zwischen quantitativen und qualitativen Zielen kein grundsätzlicher, sondern nur ein gradueller und je entwicklungsbedingter Unterschied gegeben ist, und daß für eine auf rationale Zielverfolgung ausgerichtete Politik die Ein-

---

[13] Vgl. *Wolfgang Zapf:* Zur Messung der Lebensqualität. In: Zeitschrift für Soziologie. Jg. 1 (1972). S. 353 ff. — *Ders.:* Soziale Indikatoren. In: *G. Albrecht, H. Daheim, F. Sack* (Hrsg.): Soziologie. Festschrift für René König. Opladen 1973. S. 261 ff. *Franz-Josef Stendenbach:* Sozialindikatoren und Gesellschaftsplanung. Ebenda. S. 291 ff. — Sowie das SPES-Projekt (Sozialpolitisches Entscheidungs- und Indikatorensystem für die BRD) einer Forschergruppe der Universitäten Frankfurt und Mannheim. Die *„Qualität der Arbeit"* wird auch in Vorschlägen für Sozialindikatoren berücksichtigt, bedarf aber — wie diese Konzepte überhaupt — noch der theoretischen Fundierung und der inhaltlichen Ausfüllung. So enthält z. B. das relativ weit entwickelte Konzept sozialer Indikatoren der OECD für den relevanten Oberzielbereich „Employment and the Quality of Employment Life" die grundlegenden gesellschaftlichen Anliegen 1. „That gainful employment be available to all who desire it", 2. „That the quality of employment life be improved" und 3. „That employment life be a satisfying experience to the individual". Dabei wird die Qualität der Beschäftigung durch die Gegenstände von Unterzielen „a) Employment conditions — b) Earnings and fringebenefits — c) Employment-time, employment related time and holidays — d) Employment security and career prospects — e) Industrial conflict" und die Zufriedenheit des Arbeitnehmers durch die Zielgegenstände der Qualität der Beschäftigung a) bis d) sowie durch „e) Relations among, and participation by employees — f) Supervision, autonomy and job-challence" ausgefüllt. Vgl. OECD (Hrsg.) Dokument S. I/44. Hier zitiert nach Sektion Soziale Indikatoren der Deutschen Gesellschaft für Soziologie (Hrsg.): II. Arbeitskonferenz Soziale Indikatoren. Berichte und Diskussionen. Mannheim 1973. S. 63.

führung einer Zielkategorie „Qualität der Arbeit" nur erfolgversprechend ist, „wenn sie als beeinflußbare Größe konzipiert wird, wenn sie wenigstens in Annäherung operationalisiert und in ihren Dimensionen ‚gemessen' werden kann, mit anderen Worten und technisch gesprochen, wenn es wenigstens ordinal unterscheidbare Zustände ... gibt"[14].

I. Methodische Probleme und kategorialer Rahmen der Operationalisierung des Ziels „Qualität der Arbeit"

Der Versuch einer Operationalisierung des Ziels „Qualität der Arbeit" bedarf einiger methodischer Vorbemerkungen. Zunächst kann ein solcher Versuch nicht ohne Klärung seiner Beziehung zu den Problemen der Behandlung von Normen und Zielsetzungen in der Wissenschaft unternommen werden[15]. Obwohl *nicht beabsichtigt ist*, eine bestimmte Konkretisierung der zu erfassenden Qualitäten der Beschäftigung als *verbindliche* arbeitsmarktpolitische Norm zu begründen, ist wegen des möglichen Anscheins von Objektivität bei der analytisch-schrittweisen Ausfüllung der Ziel-Leer-Formel der Hinweis erforderlich, daß sowohl den verwendeten grundlegenden Normen als auch den Zielformulierungen auf den einzelnen Stufen der Konkretisierung Verbindlichkeit nur durch die Entscheidung zur Anerkennung verliehen werden kann. Diese Einschränkung der Möglichkeiten eines wissenschaftlichen Operationalisierungsversuches inhaltlich unbestimmter Zielformeln folgt einmal aus der grundsätzlichen Unmöglichkeit, die Verbindlichkeit von Normen mit intersubjektiv nachprüfbarer Geltung als solche wissenschaftlich zu begründen oder aus Seinsaussagen Sollensaussagen zu gewinnen. Sie folgt ferner aus der Unhaltbarkeit des in der Nationalökonomie verbreiteten Zweck-Mittel-Denkens[16], weil in der präskriptiven Sprache konkrete Normen nicht durch logische Schlußfolgerung aus abstrakten Normen und Prinzipien abgeleitet werden können[17].

---

[14] *Karl W. Deutsch:* Politics and Government. Boston 1970. Hier zitiert nach *Wolfgang Zapf:* Zur Messung der Lebensqualität. S. 354.
[15] Vgl. als Auswahl *Max Weber:* Der Sinn der „Wertfreiheit" der soziologischen und ökonomischen Wissenschaften. In: *Ders.:* Gesammelte Aufsätze zur Wissenschaftslehre. 3. Aufl. Tübingen 1968. S. 489 ff. — *Hans Albert:* Wertfreiheit als methodisches Prinzip. Zur Frage der Notwendigkeit einer normativen Sozialwissenschaft. In: *Ernst Topitsch* (Hrsg.): Logik der Sozialwissenschaften. Köln. Berlin 1965. S. 181 ff. — *Eckard König:* Wertfreiheit und Rechtfertigung von Normen im Positivismusstreit. In: Zeitschrift für Soziologie. Jg. 1 (1972). S. 225 ff.
[16] Zur Kritik vgl. *Gunnar Myrdal:* Das Zweck-Mittel-Denken in der Nationalökonomie. In: Zeitschrift für Nationalökonomie. Bd. 4 (1933). — *Dieter Aldrup:* Das Rationalitätsproblem in der Politischen Ökonomie. Tübingen 1971.
[17] Vgl. *Richard M. Hare:* The Language of Morals. Oxford 1952. Dt. Ausgabe unter dem Titel „Die Sprache der Moral". Frankfurt 1972. — *Ders.:* Freedom and Reason. Oxford 1963.

Darüber hinaus kommt bei der vorliegenden Aufgabenstellung den *Basisentscheidungen*, z. B. in bezug auf die zu verwendenden Begriffe, die Auswahl konkurrierender Hypothesen oder die unterstellten Zielsetzungen, große — ich möchte fast sagen — die entscheidende Bedeutung für die inhaltlichen Ergebnisse zu[18], da sie in mehrere, m. E. vernachlässigte sozialwissenschaftliche Aufgabengebiete hineinreicht (Zielanalyse, qualitative Problemstellungen, interdisziplinäre Theorie der Sozialpolitik). Daher werde ich mich bemühen, meinen eigenen Wertstandpunkt und die jeweiligen Basisentscheidungen deutlich zu machen, um so zu ermöglichen, daß innerhalb des formalen analytischen Verfahrens auch die Ergebnisse anderer Basisentscheidungen durchdacht werden können.

Für den *formalen Rahmen* bei der Suche nach den Dimensionen der „Qualität der Arbeit" kann man zunächst von dem Kategoriensystem der ökonomischen Arbeitsmarktanalyse ausgehen. Da sich die Überlegungen auf die abhängige Beschäftigung gegen Entgelt beziehen, können zunächst qualitative Aspekte für das Arbeitsangebot oder die Arbeitskräfte (Arbeitnehmer, Arbeiter), die Arbeitsnachfrage (Arbeitsmöglichkeiten, Arbeitsplätze) sowie den Ausgleich von Angebot und Nachfrage unterschieden werden.

Die Berücksichtigung von Angebot und Nachfrage als mögliche eigene Dimensionen für die Bestimmung von Qualität der Arbeit, die vielfach nur der Trennung von Kapital und Arbeit in kapitalistischen Wirtschaftsordnungen mit Privateigentum an Produktionsmitteln zugeordnet werden, dürfte allein schon durch die Existenz von Arbeitsteilung und gesellschaftlicher Ausgliederung der arbeitsteiligen Güterproduktion hinreichend begründet sein. Die personale und/oder organisatorische Trennung von Arbeitsangebot und Arbeitsnachfrage ermöglicht auch in Wirtschaftsordnungen ohne Privateigentum an Produktionsmitteln schon die Exi-

---

[18] Obwohl jede Art wissenschaftlicher Tätigkeit über die notwendigen Basisentscheidungen eine je bestimmte (aber meist nur schwer von Dritten bestimmbare) Wertgrundlage erhält, ist m. E. doch von einer unterschiedlichen tatsächlichen Relevanz der Basisentscheidungen für verschiedene Bereiche wissenschaftlichen Arbeitens auszugehen. Die Grundwertungen des Wissenschaftlers sind für seine Tätigkeit erkenntnistheoretisch, d. h. für die Geltung wissenschaftlicher Aussagen, irrelevant. Für das als Ergebnis der gesellschaftlichen Veranstaltung „Wissenschaft" verfügbare Wissen sind sie jedoch nur unter irrealen Bedingungen ohne Bedeutung. Bei der gegebenen Knappheit wissenschaftlicher Kräfte wird die Selektivität der Basisentscheidungen wichtig, und der Grad der Selektivität muß bei den auf praktische Probleme ausgerichteten wissenschaftlichen Fragestellungen wegen der (bei der zusätzlichen Auswahl-Dimension in bezug auf die zu unterstellenden Ziele) größeren Zahl der Möglichkeiten noch stärker ins Gewicht fallen als im Bereich der Gewinnung nomologischen Wissens. Unter Berücksichtigung der gesellschaftlichen Prägung der Basisentscheidungen der Wissenschaftler dürften sich dann auch Einseitigkeiten und *Vernachlässigungen* der Erforschung bestimmter Erfahrungsgegenstände anhand bestimmter durch die verwendeten Kategorien begrenzter Fragestellungen und mit bestimmten Methoden ergeben.

Operationalisierung und Verwirklichung qualitativer Zielsetzungen 35

stenz unterschiedlicher konkreter Wertvorstellungen in bezug auf die „Qualität der Arbeit", selbst wenn in einer solchen Ordnung die Interessenidentität postuliert und zum Gestaltungsprinzip der Organisation der gesellschaftlichen Arbeit gemacht wird.

Für die weitere Unterscheidung qualitativer Dimensionen von Angebot und Nachfrage bietet die ökonomische Arbeitsmarktanalyse nur indirekte Hinweise in den die Annahme von Teilarbeitsmärkten[19] (streng genommen von Elementarmärkten) begründenden Heterogenitätsbedingungen. Die arbeitsmarktpolitische Literatur führt hier weiter, wenn unterwertige Beschäftigung als „nicht eignungsadäquate Beschäftigung"[20] angesehen wird oder wenn von *Lampert* als „oberstes Ziel der Arbeitsmarktpolitik ... die Sicherung ununterbrochener, den individuellen *Neigungen* und *Fähigkeiten* entsprechender Beschäftigung aller Arbeitsfähigen und Arbeitswilligen zu bestmöglichen Beschäftigungsbedingungen"[21] verstanden wird. Entsprechend der Unterscheidung der selbst noch der Konkretisierung bedürftigen „Fähigkeiten" und „Neigungen" (wofür ich synonym auch die Begriffe „Interessen" bzw. „Bedürfnisse" gebrauchen werde) auf seiten der Arbeitskräfte könnten dann auf seiten der Arbeitsmöglichkeiten oder Arbeitsplätze die Anforderungen an Fähigkeiten einerseits und der durch die Arbeitsbedingungen gewährte Spielraum zur Befriedigung der von den Individuen mit der Arbeit verbundenen Interessen andererseits als Dimensionen der Qualität angesehen werden.

Schließlich ist unter den angenommenen Bedingungen der Arbeitsteilung und der Möglichkeit unterschiedlicher Wertvorstellungen bei den Anbietern und Nachfragern auf dem Arbeitsmarkt auch für den Ausgleich der Interessen und Anforderungen von Anbietern und Nachfragern eine eigene Qualität zu bestimmen. Die Operationalisierung des „optimalen Ausgleichs" wird dann Angaben über die Verteilung der Anpassungsleistungen auf die Marktparteien machen müssen, für die man von einer „Nachfrageorientierung" sprechen könnte, wenn die Anpassung überwiegend durch die Arbeitskräfte zu erbringen ist, und von einer „Angebotsorientierung", wenn die Anpassung der Arbeitsmöglichkeiten überwiegt[22].

---

[19] Die zur Abgrenzung von Teilarbeitsmärkten verwendeten qualitativen Differenzierungen des Arbeitsangebots, wie z. B. Geschlecht, Beruf, Qualifikationsstufe etc., können hier als Bestimmungsfaktoren der Struktur der quantitativen Beschäftigungszielsetzung außer acht gelassen werden, zumal sie ausführlich behandelt werden in dem Beitrag von *U. Pagenstecher* in diesem Band.
[20] *Dieter Mertens:* Rationale Arbeitsmarktpolitik. S. 11.
[21] *Heinz Lampert:* Die Wirtschafts- und Sozialordnung der Bundesrepublik Deutschland. S. 187. (Betonung von mir — G. K.)
[22] Vgl. *Ursula Engelen-Kefer:* Arbeitsmarktpolitik und technischer Wandel. In: Wirtschaftlicher und sozialer Wandel durch technischen Fortschritt. Beihefte der Konjunkturpolitik. Heft 18. Berlin 1971. S. 122 ff.

Bisher wurden für den formalen Rahmen der Operationalisierung überwiegend Kategorien einer mikrosozialen Ebene verwendet. Da man nicht davon ausgehen kann, daß die gesellschafts-wirtschaftlichen Prozesse „automatisch" individuelle und gesamtgesellschaftliche Wohlfahrt sicherstellen, werden bei der Operationalisierung auch makro-soziale Ebenen der Bestimmung des Ziels der „Qualität der Arbeit" beachtet werden müssen. Dabei wird infolge der methodischen Unmöglichkeit der Ableitung einer gesamtgesellschaftlichen Norm allein aus den Interessen der Individuen (Arrow Paradox)[23] und wegen der Wahrscheinlichkeit von Konflikten um gesellschaftliche Werte die Berücksichtigung einer formal unabhängigen gesamtgesellschaftlichen Zielbestimmung im Rahmen des staatlichen Gewaltmonopols erforderlich. Daher werden im folgenden entsprechend der verfassungsmäßigen Struktur des politischen Systems in der Bundesrepublik Deutschland unterschieden 1. als obere Makro-Ebene die demokratisch legitimierten Organe des Bundesstaates und der Länder, 2. als untere Makro-Ebene gemäß der Institutionalisierung des Arbeitsmarktes der Geltungsbereich von Tarifverträgen[24], 3. als Mikro-Ebene das individuelle Arbeitsmarktverhalten der formal freien einzelnen Arbeitsanbieter und -nachfrager. Da auf diese Ebenen jeweils formal unabhängige Handlungskompetenzen verteilt sind, muß ein realitätsbezogener Versuch der Operationalisierung des Ziels „Qualität der Arbeit" für die verschiedenen Handlungsträger differenziert werden. Da im Rahmen dieser Arbeit eine hinreichende Berücksichtigung der jeweiligen, die „Qualität der Arbeit" enthaltenden Gesamtzielfunktion dieser Handlungsträger nicht möglich ist, wird sich die „Operationalisierung" auf Hinweise auf den Möglichkeitsbereich für die Verfolgung dieses Ziels beschränken.

II. Operationalisierung des Ziels „Qualität der Arbeit"

A. Die für die Operationalisierung zugrundegelegten allgemeinen gesellschaftspolitischen Wertvorstellungen

Als normative Grundlage der Operationalisierung der „Qualität der Arbeit" wird das im Grundgesetz der Bundesrepublik Deutschland verankerte „Sozialstaatsgebot" (Art. 20, Abs. 1 GG) verwendet[25], das mir — unabhängig von meinem persönlichen Engagement für eine möglichst

---

[23] Vgl. *Kenneth J. Arrow:* Social Choice and Individual Values. 2. Aufl. New York 1963, bes. S. 59.
[24] Eine entsprechende Einteilung wählt *Steden,* für dessen Themastellung sich allerdings der Gültigkeitsbereich von Tarifverträgen als die „Mikroebene" ergibt. Vgl. *Werner Steden:* Der Arbeitsmarkt der bayrischen Industrie. Berlin 1969. S. 24.
[25] Vgl. *Hans-Hermann Hartwich:* Sozialstaatsgebot und gesellschaftlicher status quo. Köln. Opladen 1970. — *Klaus Lompe:* Gesellschaftspolitik und Planung. Probleme politischer Planung in der sozialstaatlichen Demokratie. Freiburg 1971.

weitgehende Verwirklichung — auch in bezug auf die weitere sozialpolitische Entwicklung tatsächlich relevant erscheint. Die erforderliche inhaltliche Konkretisierung dieses, vor allem in Verbindung mit den anderen Verfassungsgrundsätzen noch weitgehend unterschiedlichen Interpretationen zugänglichen Gebots soll durch die folgenden Unterstellungen vorgenommen werden:
— der demokratisch strukturierte Staat hat eine unmittelbare Verantwortung für die natürlich-technisch-kulturellen Umweltbedingungen und die gesellschaftlichen Lebensbedingungen der Individuen,
— diese Verantwortung ist darauf ausgerichtet, „den in der Verfassung verankerten Rechten, vor allem denen der Freiheit und Gleichheit zu gesellschaftlich realer Geltung zu verhelfen"[26].

Die hier ausgewählte grundlegende gesellschaftspolitische Werthaltung kann auch anhand einer Interpretation des für die Gestaltung der Gesellschaftsordnung und die Ausgestaltung der Sozialpolitik immer wieder herangezogenen Subsidiaritätsprinzips erfolgen, das als Abwägungsprinzip für die Verbindung von „Individualprinzip" und „Sozialprinzip"[27] angesehen werden kann. In der unterstellten Grundnorm wird weder von einem Gegensatz dieser Prinzipien noch einem Vorrang des Individualprinzips ausgegangen, sondern angenommen, daß jeweilige gesellschaftliche Einheiten („Kollektive"), also auch letztlich der Staat als Handlungsorgan der Gesamtgesellschaft, dem Individuum diejenige Hilfe (als Vorleistung) zu erbringen haben, die das Individuum in die Lage versetzen, in selbstverantwortlichem Handeln eine Lebenslage entsprechend den eigenen Interessen und den gesellschaftlichen Wertvorstellungen zu erreichen[28].

---

[26] *Hans-Hermann Hartwich:* Sozialstaatsgebot und gesellschaftlicher status quo. S. 12. Die Frage, ob eine Gesellschaftspolitik mit dieser normativen Grundlage auch am „gesellschaftlichen status quo" halt macht, wie es der bisherigen Sozialpolitik zugeschrieben und in der gegenwärtigen Diskussion allen sozialreformerischen Konzepten von den Vertretern sozial-revolutionärer, „system-überwindender" Vorstellungen unterstellt wird, bedarf zur Verdeutlichung der verwendeten grundlegenden Wertvorstellungen schon hier einer Antwort. Diese Antwort ist unabhängig von der noch erforderlichen und hier nicht leistbaren empirischen Wirkungsanalyse und Erfolgskontrolle der tatsächlichen Sozialpolitik auch schon möglich, weil die Frage selbst auf einer Konfusion formaler und materieller Aspekte beruht oder sie erreichen soll. Wenn der „gesellschaftliche status quo" als die tatsächlichen Lebensbedingungen der Gesellschaftsmitglieder verstanden wird und nicht an nur formalen Rechtspositionen, wie vor allem an der Existenz der Norm des Privateigentums an Produktionsmitteln, festgestellt wird, dann ist für die Antwort auf diese Frage die Veränderung der mit den formalen Rechten verbundenen materiellen Handlungsmöglichkeiten entscheidend, die auch schon durch die traditionelle Sozialgesetzgebung verändert wurden.
[27] Vgl. die Analyse dieser Prinzipien bei *Helmut Winterstein:* Sozialpolitik mit anderen Vorzeichen. Berlin 1969.
[28] Vgl. *Oswald von Nell-Breuning:* Solidarität und Subsidiarität im Raume von Sozialpolitik und Sozialreform. In: *Erik Boettcher* (Hrsg.), Sozialpolitik und Sozialreform. Tübingen 1957. S. 213 ff.

Die im Zusammenhang mit dem Sozialstaatsgebot im einzelnen relevanten Verfassungsgrundsätze sind dann neben dem allgemeinen Gleichheitsgrundsatz und der Gleichberechtigung von Frau und Mann (Art. 3, Abs. I sowie Abs. II und III GG) mit ihrer Bedeutung für das Arbeitsleben und neben dem für die Tarifautonomie grundlegenden Recht der Bildung von Vereinigungen zur Wahrung und Förderung der Arbeitsbedingungen (Art. 9 Abs. III GG) vor allem der Schutz der Menschenwürde und die Freiheit der Persönlichkeitsentfaltung (Art. 1 und 2 GG), die Freiheit der Berufs- und Arbeitsplatzwahl (Art. 12 GG) und das Eigentumsrecht mit seinen Bindungen und Grenzen (Art. 14 und 15 GG). Als nicht unmittelbar auf das Arbeitsleben bezogene, aber doch relevante Normen müssen ergänzend noch das Recht auf Freizügigkeit (Art. 11 GG) und der Schutz von Ehe und Familie (Art. 6 GG) herangezogen werden. Das in einigen Verfassungen[29] verankerte „Recht auf Arbeit" bedarf — abgesehen von den Schwierigkeiten seiner Interpretation[30] — keiner weiteren Berücksichtigung, wenn — wie hier unterstellt — durch das Sozialstaatsgebot eine materielle Verantwortung des Staates für die individuellen Freiheitsrechte postuliert wird.

B. Konkretisierung der „Qualität der Arbeit" auf der Grundlage der verwendeten Wertvorstellungen und begründeter Vermutungen über die Realität

Bei der Konkretisierung der Verfassungsnormen in bezug auf die hier behandelte Problematik werde ich mich nicht um eine Interpretation verbreiteter Rechtsauffassungen, sondern um die Ausfüllung durch methodisch erlangtes Wissen bemühen. Aus Gründen des Entwicklungsstandes der relevanten Wissenschaften, einer nüchternen Einschätzung der Begrenztheit und des erreichbaren Grades der Zuverlässigkeit unserer Erkenntnisse wie aus dem Zweifel an der Möglichkeit, ein Kriterium für die Wahrheit unserer Aussagen als verbindlich aufzuweisen, möchte ich das im folgenden eingehende „Wissen" nur als revidierbare und revisionsbedürftige Vermutungen verstanden wissen.

1. Zur Bestimmung der Interessen der Arbeitnehmer an der Arbeit

Fragt man zunächst, was die verwendeten Wertvorstellungen in bezug auf die Interessen der Arbeitnehmer an der Arbeit bedeuten könnten, so verweist die Verfassung mit der *Entfaltungsfreiheit* nicht auf irgendeine gesellschaftliche oder transzendentale Instanz, die die „wahren" Interessen angeben könnte, sondern auf *die* Interessen, die von einer Person selbst gehegt werden. Dabei maß der Verfassungsgeber wohl der

---

[29] z. B. in der Erklärung der Menschenrechte der Vereinten Nationen (Art. 23), in der Weimarer Reichsverfassung (Art. 163) und in den Verfassungen der Bundesländer Bayern, Berlin, Hessen und Nordrhein-Westfalen.

[30] Vgl. *Dieter Mertens:* Rationale Arbeitsmarktpolitik. S. 10 f.

Persönlichkeitsentwicklung große Bedeutung zu, da er die Bedingungen der Persönlichkeitsentwicklung der Jugendlichen im Bereich elterlicher Rechte und Pflichten einer „Überwachung" (Art. 6 Abs. 2 GG) im Schulwesen der „Aufsicht" (Art. 7 Abs. 1 GG) und in bezug auf das Recht der freien Meinungsäußerung Dritter einem „Schutz" (Art. 5 Abs. 2 GG) des Staates unterstellte.

Der traditionellen Zuordnung der „Arbeit" zu sozialwissenschaftlichen Disziplinen entsprechend soll zunächst auf die für die Klärung der Interessen der Arbeitnehmer an der Arbeit relevanten Aussagen der Wirtschaftswissenschaften eingegangen werden, die für die Modellbildung im allgemeinen von *gegebenen, individuell bestimmten* und auf die Maximierung eines nur in ökonomischen Kategorien erfaßten „Eigennutzes" ausgerichteten Interessen ausgegangen sind und für die abhängige Beschäftigung dann einerseits ein generelles „Arbeitsleid", andererseits den „Arbeitslohn" bzw. das Arbeitseinkommen berücksichtigten. Die Interessen an der Arbeit sind damit als Nutzenüberlegungen nur negativ („Arbeitsleid") und instrumentell über die durch das Arbeitseinkommen mögliche Befriedigung von gegenwärtigen und zukünftigen Wünschen nach marktgängigen Gütern und Dienstleistungen erfaßt. Die der Preistheorie analog gestaltete ökonomische Lohntheorie[31] beschreibt mit der Bestimmung des Gleichgewichtslohnsatzes auf einem (vollkommenen oder unvollkommenen) Arbeitsmarkt nicht die tatsächlichen Reaktionen der Arbeitsanbieter auf Lohnunterschiede (Allokation des Faktors Arbeit), sondern ist nur eine Schlußfolgerung aus den verwendeten Annahmen. Die in diesem Aufsatz gerade relevante Frage nach den Interessen an der Arbeit, die die Wahl eines Arbeitsplatzes unter in bezug auf diese Interessen unterscheidbaren Alternativen bestimmen, wird durch die Annahme qualitativer Entsprechung von angebotener und nachgefragter Arbeit auf einem Arbeitsmarkt ausgeschlossen. Man kann wohl nicht davon ausgehen, daß Ökonomen heute noch (oder auch überwiegend in der Vergangenheit) in diesen Annahmen[32] die tatsächlich für die Entscheidungen der Arbeitskräfte relevan-

---

[31] Vgl. nur *John R. Hicks:* The Theory of Wages. 2. Aufl. London 1963. S. 1. — *John T. Dunlop* (Hrsg.): The Theory of Wage Determination. London 1957. S. 7 ff. — *John Corina:* Labour Market Economics. London 1972. S. 1 ff., S. 11.

[32] Für die in der strengen Formulierung leicht widerlegbare und in der Regel nur noch approximativ angenommene empirische Relevanz der Verhaltensannahmen der ökonomischen Modelltheorie ist der neuerliche Versuch Widmaiers von Interesse, als empirischen Unterbau für die Verwendung der nach Art neoklassischer Marktmodelle entwickelten Erklärungsansätze für politisches oder generell kollektives Handeln (nach Schumpeter / Downs, Olson u. a.) die generelle These einer *säkularen Sozialisation* in bezug auf die „ökonomische" und „bürgerliche Rationalität" zu verwenden. Unter Berücksichtigung der Ergebnisse empirischer Untersuchungen über das Mobilitätsverhalten von Arbeitnehmern und auch über das Verbraucherverhalten dürfte diese These jedoch eher dahingehend zu interpretieren sein, daß die Sozialisation

ten Präferenzen und Verhaltensweisen vollständig und zutreffend wiedergegeben sehen. Als die Heterogenität des Arbeitsmarktes begründende Faktoren werden z. B. Interessen an dem Sozialprestige einer Tätigkeit, die für verschiedene physische, psychische und soziale Bedürfnisse relevanten Arbeitsbedingungen, Wohnortbedingungen und die private Lebenssphäre berücksichtigt[33], ohne daß jedoch daraus hier verwertbare Konsequenzen im Aufbau und in den Ableitungszusammenhängen der zentralen Theorie-Komplexe der Arbeitsmarktanalyse gezogen worden wären (deren Schwierigkeit allerdings hier dahingestellt bleiben soll).

Empirische Untersuchungen, die wiederum im Rahmen psychologischer oder soziologischer Ansätze a priori durch ihren kategorialen Rahmen psychische und/oder soziale Faktoren einbeziehen, indem sie von der „Unteilbarkeit des Menschen" und der Einordnung des Arbeitnehmers in den „sozialen Zusammenhang" ausgehen[34], haben die tatsächliche Relevanz von „nicht-ökonomischen"[35] Motiven und Interessen für das Arbeiterverhalten bestätigt[36]. Andererseits konnte auch die „instrumentelle Orientierung" generell, wenn auch in unterschiedlicher Bedeutung für verschiedene Arbeitnehmerkategorien, nachgewiesen werden[37], so daß der Lohn bzw. das Arbeitseinkommen — vermutlich wegen der sozialen Funktion des Geldes als vielseitig zur Bedürfnisbefriedigung

---

zwar nicht Rationalverhalten, aber „eigennütziges" Verhalten fördert und die Interessen, deren Befriedigung nur oder besser durch „Kollektive" geleistet werden kann, nicht entsprechend entwickelt. Vgl. *Hans Peter Widmaier:* Wachstum (IV). Warum der Wohlfahrtsstaat in die politische Krise treibt. In: Wirtschaftswoche. Nr. 31. 1972. S. 23 ff. — *Ders.:* Machtstrukturen im Wohlfahrtsstaat. Regensburger Diskussionsbeiträge zur Wirtschaftswissenschaft. Nr. 13. 1972. S. 2 f., 16 u. 65 ff. — *Otto Kirchheimer:* Politische Herrschaft. Frankfurt/M. 1967. S. 92 ff.

[33] Vgl. nur *Hubertus Adabahr:* Die Fluktuation der Arbeitskräfte. Voraussetzungen und wirtschaftliche Wirkungen eines sozialen Prozesses. Berlin 1971. S. 64 ff. — *Heinz Lampert:* Bestimmungsgründe und Lenkungsfunktion branchenmäßiger und regionaler Lohnunterschiede. In: *Helmut Arndt* (Hrsg.): Lohnpolitik und Einkommensverteilung. Schriften des Vereins für Socialpolitik. N. F. Bd. 51. Berlin 1969. S. 377 ff.

[34] Vgl. *Friedrich Fürstenberg:* Arbeitsmarktprobleme in soziologischer Sicht. In: *G. Albrecht, H. Daheim, F. Sack* (Hrsg.): Soziologie. S. 479 ff.

[35] Nur zur Vereinfachung wird im folgenden die durchaus problematische Unterscheidung von „ökonomischen" und „nicht-ökonomischen" Bedürfnissen oder Motiven verwendet und dabei mit der definitorischen Unterstellung gearbeitet, „ökonomische" Interessen seien nur mittelbare Interessen. — Vgl. auch *Reiner M. Michels:* „Ökonomische" und „außerökonomische" Determinanten des Arbeitsangebots. Diss. Köln 1967.

[36] Vgl. nur *Frederick Herzberg* u. a.: The Motivation to Work. New York. London 1959. — *Ders.:* Work and the Nature of Man. New York (1966) 1972.

[37] Vgl. *Horst Kern* und *Michael Schumann:* Industriearbeit und Arbeiterbewußtsein. Frankfurt 1970. Hier zitiert nach dem Auszug in *Karl H. Hörning* (Hrsg.): Der „neue" Arbeiter. Zum Wandel sozialer Schichtstrukturen. Frankfurt/M. 1971. S. 201 ff.

verwendbares Instrument — durchaus „entscheidende" Interessen an der Arbeit befriedigt. In welchem Verhältnis psychische, soziale und ökonomische Interessen für das Verhalten der Arbeiter bestimmend sind, läßt sich — wenn ich die Literatur hinreichend überblicke — mit Anspruch auf generelle, wenn auch raumzeitgebundene, Gültigkeit nicht aus den angesprochenen Untersuchungen ableiten. Ich möchte daher das Ergebnis dieser Überlegungen noch in der — wenn auch vagen — Hypothese zusammenfassen, daß das Verhalten der Arbeitskräfte gegenüber den Arbeitsmöglichkeiten insgesamt und auch bei einzelnen Handlungen in diesem Aktionsbereich von einer Vielzahl von Interessen bestimmt wird[38], wobei neben den ökonomisch-instrumentellen (Arbeitsleid/Lohn) auch personale und soziale Bedürfnisse für die Individuen relevant sind.

Die weitere Aufgabe, die in dieser verbreiteten polythematischen Auffassung von den für menschliches Verhalten relevanten Bedürfnissen und Motiven zugrundegelegte Vielfalt von je gerichteten Handlungsantrieben im einzelnen und in ihrem Zusammenwirken näher zu bestimmen, führt m. E. überhaupt an die (derzeitigen) Grenzen humanwissenschaftlicher Erkenntnis. Der folgende Problemlösungsversuch geht von der Vorstellung aus, daß „Bedürfnisse", „Motive", „Interessen" (mit gewissen Unterschieden in bezug auf Entwicklungsstufen) sich auf einen Lernprozeß beziehen[39], in dem sich die zunächst relativ unbestimmten, plastischen und formbaren menschlichen Antriebe durch die Erfahrung mit der Umwelt (vor allem in der frühkindlichen Sozialisation) fortwährend ausprägen, konkretisieren und letztlich erst durch die Handlung selbst als „Handlungsmotiv" bestimmen. Zur Verdeutlichung dieser Vorstellung könnte man auch auf die These verweisen, daß sich bei der Konsumgüterwahl der konkrete Bedarf nach einem spezifischen Gut letztlich erst durch die Wahrnehmung des Kaufobjekts selbst aus einem vageren Gefühl des Bedürfens konkretisiert[40]. Sozialisations- und Lernprozesse bestimmen eine fortwährende Weiterentwicklung und die je spezifische — dann immer nur relative — Konkretisierung der Bedürfnisse und Interessen.

Der Gefahr, daß damit die Vorstellung von konkret feststellbaren Interessen völlig aufgegeben und „unbegrenzte Manipulierbarkeit" angenommen werden muß, kann man durch die allerdings auch mir noch problematisch erscheinenden Konzepte „menschlicher Grundbedürfnis-

---

[38] Vgl. *Hans Thomae:* Einleitung zu *Ders.* (Hrsg.): Motivation menschlichen Handelns. Köln. Berlin 1965. S. 22 ff.
[39] Vgl. ebenda S. 23 f. — Vgl. auch *Anton Burghardt:* Allgemeine Wirtschaftssoziologie. Pullach b. München 1974. S. 45 ff.
[40] Vgl. *Gerhard Scherhorn:* Bedürfnis und Bedarf. Sozialökonomische Grundbegriffe im Lichte der neueren Anthropologie. Berlin 1959.

se" oder „Grundanliegen" entgehen[41]. Ein relativ häufig verwendeter Katalog von *Abraham A. Maslow* enthält als Grundbedürfnisse[42]:

physiologische Bedürfnisse,

Bedürfnis nach Sicherheit,

Bedürfnis nach Zugehörigkeit und Liebe,

Bedürfnis nach Ansehen und Selbstachtung,

Bedürfnis nach Selbstverwirklichung sowie ergänzend

Bedürfnis nach Wissen und Verstehen, Ästhetik und Philosophieren.

Einen ähnlichen, allerdings schon in gewisser Weise (und auch der Absicht nach) historisch konkretisierten Katalog von „Grundanliegen", die die Individuen bei gründlicher Selbstbesinnung als für den Sinn ihres Lebens bestimmend ansehen dürften, verwendet *Gerhard Weisser*[43] in einer anthropologischen Grundlegung der Sozialpolitik-Lehre. Im Rahmen einer Unterscheidung sinnlicher und geistiger (kulturelle Interessen, sittliche und religiöse Bindungen) Grundanliegen erfaßt er *mittelbare (wirtschaftliche) Interessen* am (sozialen) Existenzminimum, an Einkommen und Vermögen, an Gegenständen des Gemeinbedarfs, an ausreichender Vorsorge sowie an möglichst geringer Belastung durch öffentliche Abgaben und Beeinträchtigung der Bedarfsdeckung durch Abhängigkeit. Daneben verweist *Weisser* auf die hier vor allem relevanten *unmittelbaren (auf den Vollzug des Wirtschaftens gerichteten) Interessen*

— an aktiver Teilnahme am Wirtschaftsleben,

— an Selbstbestimmung (gemeinsamer Selbstbestimmung) des wirtschaftlichen Handelns,

— an Gemeinschaft beim Wirtschaften,

— an Deckung fremden Bedarfs und Gemeinschaftsbedarfs (Dienstmotiv),

---

[41] Vgl. *Amitai Etzioni:* The Active Society. Theory of Societal and Political Processes. New York 1968. S. 622 ff. — *Wolfgang Zapf:* Zur Messung der Lebensqualität. S. 365 f.

[42] Vgl. *Abraham H. Maslow:* A Theory of Human Motivation. In: Psychological Review. Vol. 50 (1943). S. 370 ff., hier zit. nach *D. Krech, R. S. Crutchfield, E. L. Ballachey:* Individual in Society. New York u. a. 1962. S. 76 f.

[43] *Gerhard Weisser:* Bemerkungen zur anthropologischen Grundlegung der für die Sozialpolitiklehre erforderlichen Lebenslagen-Analysen. Als Manuskript für den Gebrauch seiner Hörer vervielfältigt. Köln (1956) 1962. S. 12 ff. — Vgl. auch *ders.:* Wirtschaft. In: *Werner Ziegenfuss* (Hrsg.): Handbuch der Soziologie. 2. Hlbd. Stuttgart 1956. S. 970 ff., bes. S. 982 ff. — Eine komprimierte Form des Weisser'schen Katalogs der Grundanliegen bringt auch *Ursula Engelen-Kefer:* Arbeitsorientierte Interessen als Grundlegung gewerkschaftlicher Strategien im Rahmen einer emanzipatorischen Gesellschaftspolitik. In: WSI-Mitteilungen. Jg. 26 (1973). S. 137 ff.

Operationalisierung und Verwirklichung qualitativer Zielsetzungen 43

— an Arbeitsfreude,
— an Freiheit der Berufswahl und Freizügigkeit,
— an gesellschaftlichem Ansehen,
— an sozialem Aufstieg,
— an möglichst geringen Arbeitsmühen.

Allein solche mehr oder minder grundlegenden bzw. konkretisierten Kataloge der vermuteten *möglichen* Grundbedürfnisse und Anliegen der Menschen können die oben aufgezeigte Erkenntnisproblematik nicht lösen, daß Bedürfnisse und Interessen — soweit überhaupt — nur als je konkrete von den individuellen Sozialisations- und Umweltbedingungen geprägte erfaßt werden können, daß sie aber zugleich der Möglichkeit nach für die Gegenwart sowie gestaltbar für die Zukunft *andere* sein könnten. Daher möchte ich — ausgehend von der als behelfsweises Konstrukt einschätzbaren Unterscheidung der „wahren" oder „eigentlichen" Bedürfnisse von den „tatsächlichen", unmittelbar manifestierten und als solche unmittelbar empirisch feststellbaren Interessen[44] — für einen unvoreingenommenen, kritisch-rationalen Prozeß der *Interessenexploration* plädieren. Dabei impliziert der hier eingenommene methodische Standpunkt, daß wir — sei es als Wissenschaftler oder als engagierte Gesellschaftsgestalter — jeweils nur vorläufige Informationen erwarten und nicht davon ausgehen können, jemals die wahren Interessen mit Sicherheit gefunden zu haben.

Für die Ermittlung der jeweils gegebenen (relativ) konkreten Interessen könnte die empirische Erfassung der tatsächlich gehegten Interessen den Bezugspunkt liefern, von dem aus wir in dem durch „menschliche Grundbedürfnisse" abgesteckten Rahmen die alternativen Möglichkeiten unterschiedlicher Sozialisationsbedingungen zu berücksichtigen hätten. Bei diesem Vorgehen würde dann eine *Hypothese Maslows* Anwendung finden können, die in der oben verwendeten Reihenfolge der Bedürfnisse eine entwicklungsbedingte Hierarchie behauptet, so daß z. B. die physiologischen Bedürfnisse solange vorherrschend sind, das Bewußtsein und alle Kräfte des Organismus beanspruchen, als sie nicht in einem „befriedigenden" (ich würde sagen: in „minimalem") Maße erfüllt sind, und daß erst dann die nächst „höheren" Bedürfnisse bedeutsam werden[45].

---

[44] Diese Unterscheidung „wahrer" und „tatsächlicher" Interessen hat immer wieder sowohl die abendländische Philosophie (vgl. *Bernhard Badura:* Bedürfnisstruktur und politisches System. Stuttgart u. a. 1972. S. 38 ff.) als auch nicht nur „sozialkritisch" ausgerichtete Politökonomen beschäftigt. Vgl. z. B. die finanzwissenschaftliche Diskussion um die „merit wants". Vgl. *Kurt Schmidt:* Kollektivbedürfnisse und Staatstätigkeit. In: *H. Haller* u. a. (Hrsg.): Theorie und Praxis des finanzpolitischen Interventionismus. Tübingen 1970. S. 3 ff.

[45] Vgl.: *A. H. Maslow:* A Theory of Human Motivation. — *Ders.:* Motivation and Personality. New York 1954. Eine schematische Darstellung der relativen

Die für die Bedürfnisentwicklung des Individuums wohl nur im Experiment und in der vorliegenden Form nur bedingt überprüfbare Hypothese harmoniert m. E. mit der (für sich bestätigten) Anspruchsanpassungstheorie[46] und gesamtgesellschaftlichen Entwicklungstheorien, und für sie sprechen neben historischen und völkerkundlichen Aussagen auch die Ergebnisse verschiedener Untersuchungen über das Verhalten von sozialen Randgruppen und über das Verhalten von Arbeitern in der

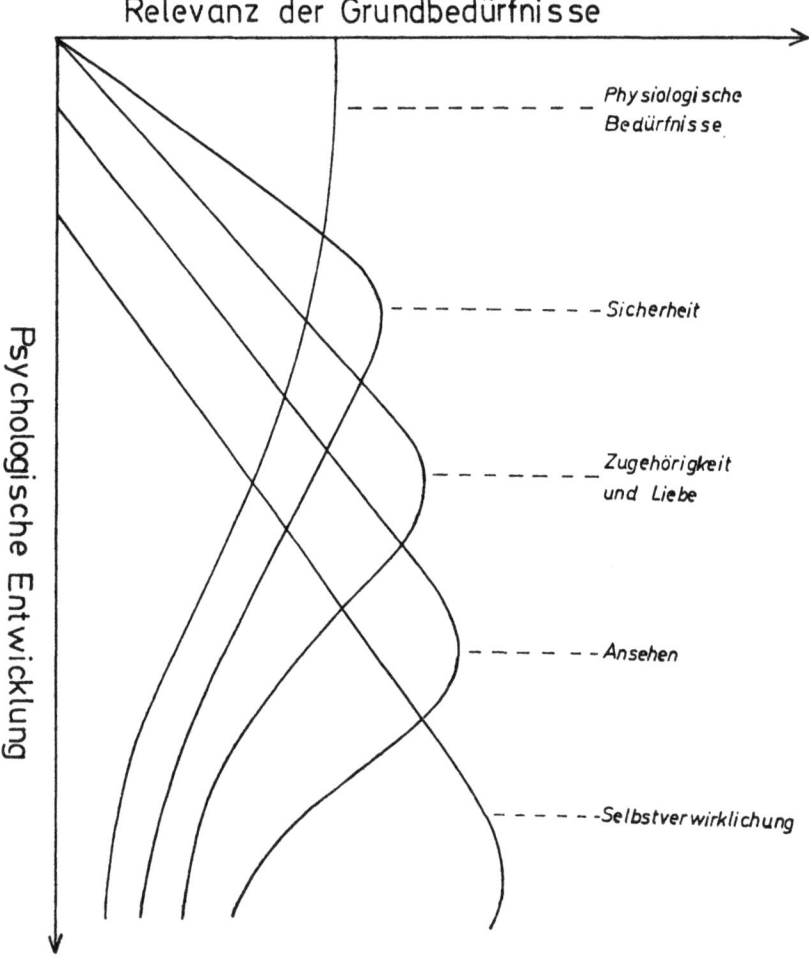

Bedeutung menschlicher Grundbedürfnisse in der psychologischen Entwicklung nach *Maslow* bringen D. *Krech*, R. S. *Crutchfield*, E. L. *Ballachey*: Individual in Society. S. 77.

[46] Vgl. K. *Lewin*, T. *Dembo*, L. *Festiger*, P. S. *Sears*: Level of Aspiration. In: J. Mc v. *Hunt* (Hrsg.): Personality and the Behavior Disorders. New York 1944.

Freizeit oder in bezug auf die Teilnahme an allgemeinen Erwachsenen-
und Fortbildungsmöglichkeiten[47]. Obwohl diese Plausibilitätsargumente
nicht sicheres Wissen begründen, sprechen sie m. E. doch dafür, vorläufig mit der These *Maslows* über die Entwicklung der relativen Bedeutung der Grundbedürfnisse zur Erfassung der Interessen der Arbeitnehmer zu arbeiten.

2. Erste inhaltliche Konkretisierung
qualitativer Zielsetzungen für die Interessen
und die Fähigkeiten der Arbeitnehmer

Die Überlegungen über die menschlichen Bedürfnisse und Interessen
führen in Verbindung mit den verwendeten Wertvorstellungen, vor
allem der Forderung nach materieller Entfaltungsfreiheit der Person,
zu ersten Möglichkeiten der Konkretisierung einzelner Ziele für das
Streben nach „Qualität der Arbeit":

1. Die gesellschaftlichen Sozialisationsprozesse bedürfen einer Ausgestaltung und fortlaufenden Überprüfung ihres Vollzuges daraufhin,
   ob sie für alle Individuen die Möglichkeit der Entwicklung der Gesamtheit der menschlichen Grundbedürfnisse gewährleisten. Über
   die Verteilung der Sozialisierungsmöglichkeiten auf Familien, moral
   institutions, Massenmedien etc. kann hier noch nichts ausgesagt werden, doch die „Prüfung" der Sozialisationsprozesse in bezug auf
   dieses Ziel wird — wenigstens grundsätzlich — umfassend sein
   müssen und z. B. auch den Einfluß zu erfassen haben, der von Art
   und Umfang wirtschaftlicher (und auch politischer) Werbung aus-
   geht.

2. Es wird der Entwicklung und des Angebots von institutionalisierten
   (wissenschaftlich vermittelten) Möglichkeiten der Interessenklärung
   bedürfen mit dem Ziel, den Individuen, den Gruppen und der politischen Öffentlichkeit eine möglichst zutreffende und weitgehende
   Bestimmung der Grundanliegen, Interessen und Handlungsziele zu
   ermöglichen[48].

---

[47] Vgl. *Fritz Böhle, Norbert Altmann:* Industrielle Arbeit und soziale Sicherheit. Frankfurt/M. 1972. S. 248 ff. — *Christine Labonté:* Industriearbeiter und
Weiterbildung. Stuttgart 1973. — „Arbeitsförderungsbericht" (Bericht der Bundesregierung nach § 239 AFG). Bundestagsdrucksache 7/403. S. 24 f.

[48] Vgl. zu dieser m. E. auch kontrollierte Sozialexperimente einbeziehenden
Konzeption der Interessenexploration *Heiner Flohr:* Über den möglichen Bei-
trag der Wissenschaft zur Rationalität der Politik. In: *H. Maier, K. Ritter,
U. Matz* (Hrsg.): Politik und Wissenschaft. München 1971. S. 139 f., bes. S. 154 f.
— Vgl. auch *Jürgen Habermas:* Wissenschaft und Politik. In: Offene Welt. Zeit-
schrift f. Wirtschaft, Politik und Gesellschaft. Nr. 86 (1964). S. 413 ff., bes.
S. 422 f. — *Bernhard Badura:* Bedürfnisstruktur und politisches System. S. 38 ff.

3. Für die Entscheidung, ob durch die Arbeit (abhängige Beschäftigung) überhaupt über die mittelbaren Interessen hinaus unmittelbare Interessen am Vollzug der Arbeit befriedigt und entsprechend als Ziel für die politische Gestaltung der Arbeitsbedingungen berücksichtigt werden sollen (und wenn ja, welche), wird vorläufig nicht nur von den unmittelbar geäußerten Interessen ausgegangen werden können. Als Relativierung müßten die jeweiligen Sozialisationsbedingungen und der Spielraum der Betroffenen in bezug auf die Befriedigung jeweils in der „Bedürfnishierarchie" niederer Grundbedürfnisse berücksichtigt werden.

Für die nähere Bestimmung der qualitativen Anforderungen in bezug auf die *Fähigkeiten der Arbeitnehmer* wird man zweckmäßigerweise davon ausgehen, daß für Interessen und Fähigkeiten grundsätzlich weitgehend übereinstimmende Probleme zu beachten sind[49]. Das würde bedeuten, daß auch die Fähigkeiten sich in Lernprozessen aus einem — von außergewöhnlich großen oder seltenen Begabungen abgesehen — praktisch kaum mehr ausweisbaren Bestand an grundlegenden Anlagen (vergleichbar den Grundbedürfnissen) formen, derart, daß man mit dem Blick auf Phasen der Persönlichkeitsentwicklung sagen könnte, daß sich „simultan" konkrete Interessen und die konkreten Fähigkeiten, diese unter den gegebenen Umweltbedingungen zu befriedigen, ausprägen. Entsprechend wäre zu vermuten, daß bestimmte Arten von Fähigkeiten nicht erlernt oder wieder verlernt werden („Lernen" neutral als Vergrößerung der Verhaltenswahrscheinlichkeit verstanden), wenn bestimmte Grundbedürfnisse der gekennzeichneten Bedürfnishierarchien für das Individuum noch nicht oder nicht mehr verhaltensbestimmend sind.

Aus diesen Überlegungen und der Norm der Persönlichkeitsentfaltung ergibt sich für mich die grundlegende Anforderung an die Fähigkeiten bzw. die Entwicklung der Fähigkeiten der Arbeitnehmer, an dem gesamten Spektrum menschlicher Grundbedürfnisse orientiert zu sein. Unter den gegebenen sozialökonomischen Bedingungen individueller Existenz, vor allem der relativ großen Bedeutung der Arbeitszeit und des mit der Arbeit zwingend verbundenen Zeitbedarfs im Rahmen der Lebenszeit des Individuums[50] sowie der „zunehmenden Organisierungsbedürftigkeit" des sozialen Lebens[51], ergeben sich daraus für mich —

---

[49] Vgl. *Andrzej Malewski:* Verhalten und Interaktion. Tübingen 1967. — *Franz Josef Stendenbach:* Soziale Interaktion und Lernprozesse. Köln. Berlin 1963.

[50] Vgl. *Marion Clawson:* Das Zeitbudget moderner Gesellschaften. In: *E. K. Scheuch, R. Meyersohn* (Hrsg.): Soziologie der Freizeit. Köln 1972. S. 135 ff. — *Erwin K. Scheuch:* Die Verwendung von Zeit in West- und Osteuropa. Ebenda. S. 192 ff.

[51] Vgl. *Gerhard Weisser:* Die zunehmende Organisierungsbedürftigkeit der Gesellschaft und ihre Probleme. In: Normen der Gesellschaft. Festgabe für *Oswald von Nell-Breuning.* Mannheim 1965. S. 173 ff.

von der Entwicklung spezifisch beruflicher Fähigkeiten zunächst noch abgesehen — im einzelnen folgende Forderungen: 1. die „konkreten Fähigkeiten" für die Befriedigung der Bedürfnisse nach sozialer Zuordnung, nach Ansehen und Selbstverwirklichung sind nicht nur auf den Lebensbereich der Primärgruppen und den Bereich der Freizeit, sondern auch auf das Arbeitsleben bezogen zu entwickeln; 2. die Fähigkeiten der Arbeitnehmer sollten in erster Annäherung die Befähigung beinhalten, gesellschaftliche und ökonomische Institutionen und Prozesse zu verstehen, individuelle Interessen innerhalb dieser Zusammenhänge und der politischen Willensbildung zu artikulieren und schließlich an den Entscheidungen über die jeweiligen Rahmenbedingungen der individuellen Existenz möglichst unmittelbar zu partizipieren (Mitbestimmung im weitesten Sinne).

Für die spezifisch berufliche Fähigkeit impliziert die grundlegende Forderung, der Freiheit der Berufs- und Arbeitsplatzwahl möglichst reale Geltung zu verschaffen, auch die Verpflichtung des Staates, im allgemeinen — und im beruflichen — Bildungssystem die Voraussetzungen zu sichern, daß jeder einen seinen Neigungen und Begabungen entsprechenden Beruf erlernen kann[52]. Versteht man unter „Beruf" ein charakteristisches Bündel von Kenntnissen, Fähigkeiten und Erfahrungen für eine in den Grundzügen bestimmte Kombination von Arbeitsverrichtungen, die auf Dauer dem Einkommenserwerb zu dienen bestimmt sind[53], dann könnte diese Grundforderung in Verbindung mit den Überlegungen über die Entwicklung konkreter Fähigkeiten im einzelnen u. a. bedeuten,

1. daß auch die eigentliche Berufsausbildung möglichst lange in bezug auf die spezielle Kombination von beruflichen Aufgaben offen gehalten werden sollte (Stufenausbildung, Grundberufe, Schlüsselqualifikationen)[54],

---

[52] Vgl. *Heinz Lampert:* Die Wirtschafts- und Sozialordnung der Bundesrepublik Deutschland. S. 187.

[53] Die „amtliche" Definition des Statistischen Bundesamtes bedurfte m. E. für diese Überlegungen einer Modifikation. Vgl. Statistisches Bundesamt (Hrsg.): Klassifizierung der Berufe. Systematisches und alphabetisches Verzeichnis der Berufsbenennungen. Stuttgart. Mainz 1970. S. 11.

[54] Vgl. *Armin Hegelheimer:* Berufsbildung und Arbeitswelt. Berufsbildungsforschung, Ziele — Methoden — Forschungsprogramm. Stuttgart u. a. 1971. S. 121 ff. — *Dieter Mertens:* Der unscharfe Arbeitsmarkt. Eine Zwischenbilanz der Flexibilitätsforschung. In: Mitteilungen aus der Arbeitsmarkt- und Berufsforschung. Jg. 6 (1973). S. 314 ff. — *Ders.:* Schlüsselqualifikationen. Thesen zur Schulung für eine moderne Gesellschaft. In: Mitteilungen aus der Arbeitsmarkt- und Berufsforschung. Jg. 7 (1974). S. 36 ff. — *Dietrich Schönwitz:* Der technische Wandel als Problem der Arbeitsmarktpolitik in der BRD. Diplomarbeit Köln 1972. S. 88 ff.

2. daß vorberufliche allgemeine Ausbildung nicht nur „theoretisch" sein dürfte, sondern mit den konkreten Anforderungen einer möglichst breiten Palette von Berufen vertraut machen sollte, weil sich konkrete Berufsneigungen unter Umständen erst dabei konkret manifestieren können (Intensivierung der Berufsberatung, vorberufliche Bildung in den allgemein bildenden Schulen[55] — vgl. auch den polytechnischen Unterricht in der DDR),

3. daß der letztlich ausgeübte Beruf und die erreichbare Qualifikationsstufe auf Grund der Berufsausbildung und der durch die Erfahrung bei der beruflichen Tätigkeit ausgebildeten Interessen und Tätigkeiten möglichst lange reagibel bleiben müßten (Bildungsurlaub, theoretische Weiterbildung u. a. im Rahmen der Arbeitszeit, Einführung zusätzlicher formaler Regelabschlüsse der beruflichen Ausbildung auch für die ohne Berufsausbildung in das Arbeitsleben Eingetretenen).

3. Konkretisierung der Anforderungen an die Arbeitsbedingungen

Eine weitere Konkretisierung der für die Operationalisierung der „Qualität der Arbeit" zu berücksichtigenden Interessen und Fähigkeiten der Arbeitnehmer ergibt sich auch noch durch die erforderlichen Überlegungen in bezug auf die *Nachfrage nach Arbeit, die Arbeitsplätze, die Arbeitsmöglichkeiten oder Arbeitsbedingungen*. Für die qualitativen Anforderungen an die Arbeitsmöglichkeiten fehlen bislang unmittelbare normative Grundlagen, weil sich die als Ausfluß des Sozialstaatsgebots unterstellten Forderungen nur an die Person als Träger der materiell verstandenen Freiheits- und Gleichheitsrechte richten. Allerdings kann auch mit dem m. E. utopischen Postulat der Identität der Interessen und Fähigkeiten der Arbeitnehmer mit den durch die Arbeitsplätze bedingten Leistungsanforderungen und Bedürfnisbefriedigungsmöglichkeiten noch keine eindeutige normative Grundlage gefunden werden, weil noch die Frage der Rangordnung der ökonomisch-instrumentellen und der unmittelbaren Interessen an der Arbeit bei den Arbeitskräften selbst offen bleibt. Auch wenn man hier die erst bei der Realisierungsproblematik unumgänglichen Gewinninteressen privatkapitalistischer Arbeitgeber außer acht läßt, sind für die qualitative Ausgestaltung der Arbeitsmöglichkeiten gewisse allgemeine, wenn auch historisch veränderliche „Sachzwänge" relevant. Einmal kann die Existenz einer relativ weitgehenden gesellschaftlichen Arbeitsteilung als unabänderlich angesehen

---

[55] Vgl. *Armin Hegelheimer:* Berufsbildung und Arbeitswelt. S. 45. — *Dietrich Schönwitz:* Der technische Wandel als Problem der Arbeitsmarktpolitik in der BRD. S. 84 ff.

Operationalisierung und Verwirklichung qualitativer Zielsetzungen 49

werden[56], mit der Folge der institutionell-formalen Trennung von „Arbeitnehmern" und „Arbeitgebern" sowie der Ausrichtung der Produktion auf „Waren" und nicht unmittelbare Gebrauchswerte für die Arbeiter-Produzenten, also einer gewissen Entfremdung[57] bei der Arbeit. Daneben dürfte auch angesichts des erreichten Standes wirtschaftlicher Entwicklung (und in der hier gewählten Sicht wohl immer) die Knappheit vor allem der natürlichen Ressourcen und der menschlichen Lebenszeit für diese Frage relevant sein. Damit ist dann auch die Berücksichtigung „eigener" qualitativer Ziele für die Gestaltung der Arbeitsbedingungen erforderlich, die nur aus einer Abwägung dieser unterschiedlichen Anforderungen bestimmbar sind. Auf gebräuchliche Leerformeln reduziert bedeutet dies, daß die an den *Interessen* der Arbeiter orientierten Aspekte der „Qualität der Beschäftigung" mit der *„Effizienz"* der Verwirklichung der an diesen Interessen orientierten (nicht mit diesen identischen) Zielen abzuwägen sind[58].

Nicht mit den Normen in bezug auf die Lebenslagen der Arbeitnehmer vereinbar wäre eine Ausgestaltung der Arbeitsbedingungen, die keinen Spielraum für die Befriedigung der nicht ökonomisch-instrumentellen Interessen und zur Entfaltung der entsprechenden Fähigkeiten gewähren würde. Andererseits wird durch die „Effizienz" sowohl der Spielraum der Arbeitnehmer zur Befriedigung verschiedener mittelbar über Einkommen zu befriedigenden Interessen als auch der Freizeit-Spielraum und damit die Möglichkeit zur Befriedigung aller Interessen berührt, so daß hier eine doppelte Interessenabwägung erforderlich ist. Dabei gehe ich von der Vermutung aus, daß angesichts von Art und

---

[56] Vgl. *Wilhelm Glaser:* Soziales und instrumentales Handeln. Probleme der Technologie bei Arnold Gehlen und Jürgen Habermas. Stuttgart u. a. 1972. S. 189.

[57] Als Literaturübersicht vgl. *Joachim Israel:* Der Begriff der Entfremdung. Makrosoziologische Untersuchung von Marx bis zur Soziologie der Gegenwart. — Vgl. auch *Günter Hartfiel:* Wirtschaftliche und soziale Rationalität. Stuttgart 1968. S. 161 ff.

[58] Dem Verfasser geht es mit dieser Aussage um mehr als eine Entscheidung zugunsten eines kategorialen Kompromisses in dem Streit um den Nachfrage-(Bedarfs-)ansatz (man power approach) oder angebotsorientiertem Ansatz (Input-Output-Modell) für Arbeitsmarktprognosen (vgl. nur *Harald Gerfin:* Wirtschaftswachstum und die Verwendung des Arbeitspotentials. In: Kyklos. Vol. 23 (1970). S. 806 ff.). — *Armin Hegelheimer:* Bildungsökonomie und Bildungsplanung. In: Konjunkturpolitik. Jg. 14 (1968). S. 113 ff. — Hajo Riese: Wechselbeziehungen zwischen Arbeitsmarkt und Bildungswesen. In: *H. Arndt, D. Swatek* (Hrsg.): Grundfragen der Infrastrukturplanung für wachsende Wirtschaften. Schriften d. Ver. f. Socialpolitik. N. F. Bd. 58. Berlin 1971. S. 471 ff. — *Hans Peter Widmaier, Bruno Frey:* Wachstumstheorie und Bildungsökonomik. In: Konjunkturpolitik. Jg. 13 (1967). S. 129 ff. Es geht ihm um die materielle Frage, daß auch eine nur auf „die" Interessen der Arbeitnehmer ausgerichtete Politik der Berücksichtigung von Aspekten der Arbeitsnachfrage bedarf.

Umfang der gegenwärtig betriebenen Konsumgüterwerbung[59] eine gewisse Verzerrung der Bedürfnisstruktur, eine „Hypertrophie der Konsumbedürfnisse"[60] und (unterstützt durch die Wirkungen der Existenz einer relativ ungleichmäßigen Einkommensverteilung) eine Verstärkung der tatsächlich geäußerten Interessen an Geld-Einkommen aus der Arbeit wahrscheinlich ist[61]. Daneben nehme ich an, daß die gegenwärtigen Arbeitszeiten in Verbindung mit dem im Zusammenhang mit der Arbeit notwendigen Zeitbedarf (Wegezeiten) und dem sonstigen sozialstrukturell „normierten" Zeitbedarf in der verbleibenden frei verfügbaren Freizeit zwar die physische „Reproduktion der Arbeitskraft" hinreichend zuläßt, daß aber der Spielraum für eine den unterstellten Normen entsprechende Befriedigung der „höheren" Interessen oder gar eine Kompensation evtl. negativer Erfahrungen (Frustrationen) aus der Arbeitswelt „unzureichend" sei. Unter diesen Annahmen scheinen mir für die Qualität der Arbeitsmöglichkeiten zwei Zielausrichtungen konkretisierbar. Zum einen sollte m. E. die sozialökonomische *Effizienz* bei der Gestaltung der Arbeitsplätze vor allem durch die verstärkte Ausrichtung auf relative Verminderung des Inputs anstelle der relativen Steigerung des Outputs angestrebt werden, d. h. es sollte vor allem technischer und sozial-organisatorischer *Fortschritt* verwirklicht werden, der *Arbeitszeit, Arbeitsleistung sowie natürliche Ressourcen einspart.* Eine einseitige Ausrichtung auf arbeitssparenden technischen Fortschritt kann nicht in Betracht gezogen werden, wenn man langfristig denkt und auch solche Ressourcen berücksichtigt, die bislang nicht als knapp galten und keiner gesellschaftlichen Bewertung unterlagen, deren extensive Inanspruchnahme in Produktion und Konsumtion aber zu ebenfalls die Lebenslagen der Arbeitnehmer in besonderem Maße betreffenden Umweltschäden geführt hat. Diese Forderung unter dem Gesichtspunkt der Effizienz der Arbeit wäre zunächst ein Kriterium für die selektive Realisierung technischer Produktionsmöglichkeiten und daneben die Forderung nach Fortschritt vor allem im sozial-organisatorischen Bereich, d. h. im einzelnen hier für die Arbeitsorganisation selbst, die arbeitsbedingten Verkehrs- und Wohnprobleme sowie die Allokationsmecha-

---

[59] Vgl. nur *Carola Möller:* Gesellschaftliche Funktionen der Konsumwerbung. Stuttgart 1970.

[60] Vgl. *Gerhard Scherhorn* u. a.: Probleme der Verbraucherpolitik. Gutachten im Auftrag der Kommission für wirtschaftlichen und sozialen Wandel (Hamburg 1973). S. 82 f.

[61] Damit ist keineswegs gesagt, daß die gegenwärtigen durchschnittlichen Einkommen der Arbeitnehmer „zu hoch" seien oder nicht weiter steigen sollten. Es geht nur um die relative Bedeutung von Geld-Einkommen und anderen, unmittelbaren Belohnungen aus der Beschäftigung für die Arbeitnehmer. Dabei kann offen bleiben, ob nicht verminderter „Konsumdruck" auch zu einer veränderten Verteilungssituation und zu einem gewissen Umverteilungsspielraum führen könnte.

nismen auf dem Arbeitsmarkt, durch die gesellschaftliche Verschwendung von Arbeit insofern vermieden werden kann, als die Arbeitsplätze auch das jeweilige Eignungspotential der an ihnen gebundenen Arbeitskräfte gesellschaftlich optimal ausschöpfen.

Die zweite Ausrichtung für die Gestaltung der Arbeitsbedingungen betrifft die Sicherung eines angemessenen *Spielraums für die Befriedigung der Gesamtheit der menschlichen Interessen* bei der Arbeit, eine „humane" Gestaltung der Arbeitswelt[62]. Hierbei müßte man zunächst noch an den Abbau einer Reihe von negativen Beeinträchtigungen selbst der physiologischen Grundbedürfnisse und der Sicherheitsbedürfnisse denken[63], die teilweise schon durch den bestehenden sozialpolitischen Gefahren- und Betriebsschutz für alle Arbeitnehmer oder für besondere Arbeitnehmergruppen (Frauen oder Jugendliche) ausgeschlossen sein müßten, aber *mangels* präziser Fassung der relevanten Bestimmungen der Gewerbeordnung, hinreichender Gewerbeaufsicht und umfassender Untersuchungen der physischen und psychischen Auswirkungen der jeweiligen Arbeitsprozesse wohl noch in relativ großem Umfang bestehen. Der Abbau dieser Beeinträchtigungen dürfte auch unter dem hier gewählten Aspekt einer nicht nur einzelwirtschaftlichen Rentabilität, sondern einer „sozialökonomischen Effizienz" der Ressourcenverwendung unbestreitbar positiv zu beurteilen sein.

Über den bislang vom staatlichen Arbeitnehmerschutz betroffenen Bereich von Aufgaben hinaus bedarf es der Konkretisierung einer Reihe von Einzelanforderungen, die eine positiv an den Interessen und Fähigkeiten der arbeitenden Menschen ausgerichtete Gestaltung der Arbeitsbedingungen sichern[64]. Auch für diese Aufgabenstellungen dürfte vermutlich gelten, daß sie gegenüber der Forderung nach gesamtgesellschaftlicher Effizienz mindestens neutral und teilweise — wie erste Schritte zur Realisierung zu zeigen scheinen — auch privatwirtschaftlich rentabel sind. Von den Gegenständen dieser Forderung ist die eigentliche *Arbeitsplatzgestaltung* mit der Festlegung der Arbeitsverrichtungen und der Arbeitsplatzumwelt ebenfalls noch überwiegend auf den

---

[62] Vgl. *Fritz Vilmar* (Hrsg.): Menschenwürde im Betrieb. Modelle der Humanisierung und Demokratisierung der industriellen Arbeitswelt. Hamburg 1973. — *Oskar Vetter:* Humanisierung und Demokratisierung der Arbeitswelt. In: *H. Flohr, K. Lompe, L. F. Neumann* (Hrsg.): Freiheitlicher Sozialismus. Beiträge zu seinem heutigen Selbstverständnis. Bonn-Bad Godesberg 1973. S. 199 ff. — *Oswald von Nell-Breuning:* Vom Mehr-Haben zum Mehr-Sein. Eine neue Dimension der Arbeitspolitik. In: Hamburger Jahrbuch (1974). S. 67 ff.
[63] Vgl. Industriearbeit und Gesundheitsverschleiß. Materialien einer Diskussion zwischen Gewerkschaftern und Wissenschaftlern ... Frankfurt/M. Köln 1974.
[64] Vgl. zum folgenden *Projektgruppe* im WSI: Grundelemente einer Arbeitsorientierten Einzelwirtschaftslehre. Köln 1974.

Bereich der physiologischen Grundbedürfnisse bezogen (ergonomische Aufgaben). Durch flexiblere *Arbeitszeitregelungen* könnte nicht nur die persönliche Entfaltungsfreiheit gefördert, sondern möglicherweise auch das Arbeitsangebot vergrößert werden. Für den durch die Arbeitsbedingungen gewährten Spielraum in bezug auf die „höheren" Grundbedürfnisse nach sozialer Zuordnung, nach Ansehen und Geltung wie nach Selbstverwirklichung dürften vor allem die *Gestaltung der Arbeitsaufgaben* und der *Einfluß auf* die verschiedenen *Rahmenbedingungen* der Arbeit relevant sein.

Der auf Grund der unternehmerischen Investitionsentscheidungen realisierte technische Fortschritt hat bisher überwiegend durch fortschreitende Arbeitszerlegung und den Einsatz hoch mechanisierter Verfahren zu einer gewissen *Polarisierung der Qualifikationsanforderungen* für Arbeiter und Angestellte geführt, bei der mittlere berufliche Qualifikation vielfach entqualifiziert wurde[65]. Somit gibt es nun einerseits relativ wenige mit vielfältiger Aufgabenstellung und mit relativer Arbeitsautonomie ausgestattete, aber höhere Qualifikation erfordernde Arbeitsplätze (z. B. Instandhaltungs- und Wartungsarbeiten in der Industrie, im Angestelltenbereich Sachbearbeiter mit höherer Entscheidungskompetenz), andererseits Arbeitsplätze, die nur noch *repetitive Teilarbeiten* erfordern, bei denen die Arbeitsbedingungen praktisch keinen Spielraum für die Befriedigung unmittelbarer Interessen an der Arbeit gewähren. Untersuchungen haben gezeigt, daß die an solchen Arbeitsplätzen beschäftigten Arbeitnehmer nicht nur deutlich geringere Arbeitszufriedenheit erlangen und zu einer nur instrumentellen Orientierung an der Arbeit neigen, sondern daß sie vermutlich gerade wegen dieser Arbeitssituation auch die Förderungsmaßnahmen nach dem AFG bislang nur relativ wenig in Anspruch genommen haben[66].

Als konkrete Anforderung angesichts der Existenz derart auf repetitive Teilarbeiten beschränkter Arbeitsplätze sowie als langfristiges Selektionskriterium für die Verwirklichung neuer technischer Möglichkeiten kämen dann Ausrichtungen in Frage, durch die die Aufgabenstellungen horizontal (job enlargement) oder vertikal (job enrichment) für den einzelnen Arbeitsplatz oder Arbeitsgruppen erweitert oder — im Gegensatz zur bisher überwiegenden Ausrichtung ausgedrückt — Teilaufgaben wieder zusammengefaßt werden, und sei es auch nur für den

---

[65] Vgl. *Fritz Böhle, Norbert Altmann:* Industrielle Arbeit und Soziale Sicherheit. S. 26 ff. — *Horst Kern, Michael Schumann:* Technischer Wandel und Arbeiterbewußtsein. — *Martin Osterland* u. a.: Materialien zur Lebens- und Arbeitssituation der Industriearbeiter in der BRD. Frankfurt/M. 1973. S. 35 ff.

[66] *Fritz Böhle, Norbert Altmann:* Industrielle Arbeit und Soziale Sicherheit. S. 177 ff. — *Horst Kern, Michael Schumann:* Technischer Wandel und Arbeiterbewußtsein. S. 201 ff. — Arbeitsförderungsbericht. S. 24.

einzelnen Arbeiter durch wechselnde Tätigkeit auf verschiedenen Arbeitsplätzen (job rotation).

Die aufgezeigten Aufgaben und Ausrichtungen der Ausgestaltung der unmittelbaren Arbeitsbedingungen könnten ohne Schwierigkeit und sollten m. E. auf der Grundlage der unterstellten Normen in direkter Mitbestimmung der Betroffenen konkret gelöst werden. Über solche durch unmittelbare Teilhabe vollziehbare Mitbestimmungsmöglichkeiten der Beschäftigten auf die Arbeitsbedingungen hinaus und zu ihrer Absicherung sind m. E. organisatorisch vermittelte (also nicht unmittelbare) und auf die Gesamtheit der Arbeitsbedingungen bezogene Formen der Mitbestimmung auf Betriebs- und Unternehmensebene erforderlich[67], um unter den gegebenen sozialökonomischen Bedingungen Selbstverwirklichung real zu ermöglichen.

C. Hinweise auf die Möglichkeiten der Verfolgung des Ziels „Qualität der Arbeit" durch die legitimen Entscheidungsträger

Die bisherigen Überlegungen haben die Ziel-Leer-Formel „Qualität der Arbeit" durch die auf der Basis sozialstaatlicher Normen und begründeter Vermutungen über die Realität vorgenommene Ableitung einer Reihe von Ziel-Gegenständen in bezug auf die Arbeitskräfte und die Arbeitsbedingungen ausgefüllt. Dabei wurden (trotz der erforderlichen Kombination konkurrierender Aufgabenstellungen bei den Anforderungen an die Arbeitsmöglichkeiten) die Bedingungen des Ausgleichs von Angebot und Nachfrage, die Unterscheidung von Mikro- und Makroebene der Aufgaben sowie schließlich die Bestimmung eines Maßstabs für die Erfüllung der genannten Aufgaben noch offen gelassen. Für die Schließung dieser Lücke werden wir durch die verwendeten Verfassungsnormen und auf ihnen beruhende Gesetze auf konkrete legitime Entscheidungsträger verwiesen: Bundes- und Landesgesetzgeber und -Regierungen, Tarifparteien sowie Arbeitnehmer und Arbeitgeber. Unterstellt man, daß diese Entscheidungsträger subjektiv rational handeln wollen, oder will man als Wissenschaftler praktisch relevante Aussagen nur in bezug auf ein in den Grenzen des real Möglichen rationales Verhalten entwickeln, dann wären nun auch für die übrigen Entscheidungsträger (außer den bisher berücksichtigten Arbeitnehmern) noch deren weitere Zielsetzungen und verfügbaren Handlungsmöglichkeiten einzubeziehen, wenn jeweils ein Maßstab für das Streben nach „Qualität der Arbeit" angegeben werden sollte. Da dies den beabsichtigten Rahmen sprengen würde, soll für die „Operationalisierung" durch die

---

[67] Durch „Mitbestimmung" dürfte auch das Problem der persönlichen Abhängigkeiten bei der Arbeit bis auf das zur Sicherung der sozialökonomischen Effizienz erforderliche und als solches grundsätzlich mit den unterstellten gesellschaftspolitischen Normen zu vereinbarende Maß reduzierbar sein.

jeweils legitimen Entscheidungsträger nur ein *vermuteter Möglichkeitsbereich* für konkrete Aufgabenstellungen für die Verwirklichung von „Qualität der Arbeit" gekennzeichnet werden, wobei die bisher gegebenen Ziel-Rangordnungen nicht als streng fixiert, sondern als (mindestens) modifizierbar angesehen werden.

Dieser Möglichkeitsbereich für die Zielverfolgung wird zunächst eben durch die verwendeten Verfassungsnormen für die einzelnen Entscheidungsträger begrenzt, wodurch eine weitere Zieloperationalisierung durch eine Norm über die Verteilung der Handlungsmöglichkeiten und in bezug auf die zu erstrebende Verteilung von „Qualität der Arbeit" auf die Individuen möglich wird. Geht man zunächst wieder von dem oben schon verwendeten Subsidiaritätsprinzip aus, dann würden nach einer verbreiteten Vorstellung von diesem Prinzip für die Verwirklichung der „Qualität der Arbeit" zunächst die freien Vereinbarungen der Arbeitgeber und Arbeitnehmer, erst in zweiter Linie die Vereinbarungen der Tarifvertragsparteien und schließlich zuletzt bindende Regelungen des Staates erfolgen dürfen. Die hier verwendete Interpretation des Subsidiaritätsprinzips enthält nun die Modifikation, daß Staat und Tarifautonomie die Voraussetzungen für materielle Entfaltungsfreiheit der Individuen zu sichern haben, bei ihren Handlungen aber durch eben die Ausrichtung auf die Förderung der Entfaltungsfreiheit der Individuen begrenzt sind.

Daraus ergeben sich m. E. als normative Konsequenzen in bezug auf die Verteilung der verfügbaren Handlungsmöglichkeiten (nach formalen Aspekten gegliedert) zunächst für die staatliche Wirtschafts- und Sozialpolitik eine Beschränkung bindender Regelungen (Gesetze, Verordnungen) auf die Sicherung von Voraussetzungen (Rahmenordnungen, Bedingungen auf dem Arbeitsmarkt) für die Verwirklichung von Qualität der Arbeit und von Mindeststandards menschenwürdiger Arbeitsbedingungen. Für die Verfolgung weitergehender Zielsetzungen verbliebe dann ein Instrumentarium über finanzielle Anreize (Transfers), Aufklärung und Appelle, advocacy planning und Initiierung nachahmenswerter Beispiele (kontrollierte Sozialexperimente).

Auf der unteren Makro-Ebene im Rahmen der Tarifautonomie wäre der Ordnungsrahmen auszufüllen (als engere Rahmenordnung) und durch Tarifverträge das jeweils über die Mindeststandards hinausgehende, durch die Tarifauseinandersetzung erreichbare Maß an „Qualität der Arbeit" für den Gültigkeitsbereich des Tarifvertrages (soweit überhaupt erstrebt) zu realisieren. Die individuellen Vereinbarungen könnten auf der Basis der staatlichen und tarifvertraglichen Absicherung schließlich erst den Prozeß der Verwirklichung von „Qualität der Arbeit" abschließen. Diese Ordnung der Handlungskompetenzen entspricht auch

Operationalisierung und Verwirklichung qualitativer Zielsetzungen 55

den vermuteten Gesetzmäßigkeiten der je gruppen- und individualspezifischen Konkretisierung und Ausprägung der für die „Qualität der Arbeit" entscheidenden Interessen und Fähigkeiten der Interessenbefriedigung der Arbeitnehmer.

In den vorhergehenden Aussagen ist auch schon eine Norm in bezug auf die anzustrebende Verteilung der „Qualität der Arbeit" auf die Individuen enthalten. Materielle Gleichheit der Arbeitsqualität für alle abhängig Beschäftigten wird nur in bezug auf das für die Personenwürde jeweils für erforderlich gehaltene sozial-kulturelle Mindestmaß (was nicht mit einer Minimierungsnorm zu verwechseln ist) postuliert. Darüber hinaus ist nach Tarifbereichen und individuell Differenzierung möglich und m. E. aus den unterstellten Normen auch nicht begrenzbar[68]. Der Verfasser würde auch aus seinen eigenen Wertvorstellungen hier keine Einschränkung der möglichen Differenzierung fordern, weil er eine noch nicht zu beurteilende Entwicklung für möglich und evtl. für die Steuerung der gegenwärtigen (und zukünftigen) komplexen Gesellschaft erforderlich hält, bei der der Einkommensanreiz zunehmend in eine Krise der Leistungsfähigkeit für die Lenkung gesellschaftlicher Prozesse gerät und durch qualitative Anreize der hier behandelten Art ersetzt werden muß[69]. „Für hochdifferenzierte Gesellschaften wird jedoch etwas anderes entscheidend für unterschiedliche Effizienz des Einzelnen und des Systems: die Bereitschaft, die Tätigkeit als eine ‚Aufgabe' zu verstehen und von dieser Zielvorstellung her seine Arbeit zu steuern"[70].

Die Möglichkeiten einer Verbesserung der „Qualität der Arbeit" auf der Makro-Ebene der staatlichen Wirtschafts- und Sozialpolitik sind aus-

---

[68] Daß aus der „Differenzierung" nicht „Diskriminierung" werden kann, soll damit nicht gesagt sein. Vielmehr geht der Verfasser von der gesellschaftlichen Interdependenz der individuellen Bedürfnisse aus, bei der das Bewußtsein von unterschiedlicher Arbeitsqualität als Diskriminierung und Minderung des eigenen Befriedigungsgrades empfunden werden dürfte. Infolge der Abhängigkeit von je konkreten Interessen werden aber auch Unterschiede der Qualität nicht notwendig als unterschiedliches Maß an Qualität der Arbeit erscheinen, so daß subjektiv und noch mehr objektiv die Schwierigkeiten für eine Erfassung von Diskriminierung bei qualitativen Aspekten diejenigen bei der Entlohnung übersteigen dürften. Vgl. dazu *Kenneth Arrow:* The Theory of Discrimination. In: *Orley Ashenfelter, Albert Rees* (Hrsg.): Discrimination in Labor Markets. Princeton N. J. 1973.
[69] Vgl. *Frederick Herzberg:* Work and the Natur of Man. New York 1972. Herzberg kommt zu dem Ergebnis, daß Lohn und Gehalt vor allem als „Dissatisfiers" relevant sind, während die eigentliche Befriedigung bei der Arbeit aus hier angesprochenen qualitativen Aspekten resultiert. — Vgl. auch schon *Lujo Brentano:* Über das Verhältnis von Arbeitslohn und Arbeitszeit zur Arbeitsleistung. Leipzig 1876.
[70] *Erwin K. Scheuch:* Soziologie der Macht. In: *Hans K. Schneider, Christian Watrin* (Hrsg.): Macht und ökonomisches Gesetz. Schriften des Vereins für Socialpolitik. N. F. Bd. 74/II. Berlin 1973. S. 1032. Für Scheuch ist diese Aussage auf „Fleiß' — also eine rein quantitativ formulierbare Eigenschaft" bezogen, dürfte aber ohne weiteres hier übertragbar sein.

gehend von den bisherigen Zielsetzungen auch schon zu sehen in den Möglichkeiten einer Sicherung der das je verfügbare Arbeitskräfteangebot absorbierenden Arbeitsnachfrage (globale Vollbeschäftigungspolitik), die die Chancen für eine Verbesserung der Qualität der Arbeit auf den folgenden Ebenen erhöhen dürfte. Die allgemeine Beschäftigungs- und Wachstumspolitik könnte eine verstärkte Arbeitsorientierung erfahren[71] und die zur Beseitigung und Verhinderung regional-struktureller Arbeitslosigkeit erforderliche Ergänzung globaler Beschäftigungspolitik könnte bereits durch selektiven Einsatz der Mittel auf eine erstrebte Qualität der Arbeit ausgerichtet werden, wobei bei der nach dem AFG möglichen „Arbeitsbeschaffung"[72] die Initiativen erwerbswirtschaftlicher Unternehmen durch Initiativen der Bundesanstalt für Arbeit ergänzt werden könnten, die an einem m. E. mehr „Qualität der Arbeit" zulassenden Leitbild einer Pluralität der Organisationsformen der Gebilde einzelwirtschaftlicher Produktion[73] ausgerichtet sind. In der Verwirklichung solcher Initiativen, der Schaffung von — wie ich in Anlehnung an den Sprachgebrauch über kollektive Güter[74] sagen möchte — „meritorischen Arbeitsplätzen" könnte auch eine neue und sich ausbreitende arbeitsmarktpolitische Aufgabenstellung der gemeinwirtschaftlichen und gemeinnützigen Unternehmen gesehen werden[75].

Globale und regional-strukturell orientierte Vollbeschäftigungspolitik werden Erscheinungen der Arbeitslosigkeit und die Notwendigkeit von Anpassungsprozessen auf Teilarbeitsmärkten nicht ausschließen können. Auf der Grundlage der verwendeten Normen wären (allerdings unter Berücksichtigung der Ziele in bezug auf die sozialökonomische Effi-

---

[71] Vgl. oben S. 31 — vgl. auch *Hans Peter Widmaier:* Arbeitsorientierte Wachstumspolitik (zur politischen Ökonomie der Arbeit). In: *Hans K. Schneider* (Hrsg.): Beiträge zur Wachstumspolitik. Schriften des Vereins für Socialpolitik. N. F. Bd. 55. Berlin 1970. S. 109 ff.

[72] Vgl. AFG §§ 91 ff.

[73] Vgl. *Gerhard Weisser:* Die zunehmende Organisationsbedürftigkeit der Gesellschaft und ihrer Probleme. In: Normen der Gesellschaft. S. 196 f.

[74] Vgl. *Kurt Schmidt:* Kollektivbedürfnisse und Staatstätigkeit. In: Theorie und Praxis des finanzpolitischen Interventionismus. S. 3 ff.

[75] Aus der bisherigen Entwicklung und den gegenwärtigen Verhaltensweisen dieser Unternehmen mag eine solche Aufgabenzuordnung einer wohlbegründeten Skepsis in bezug auf eine entsprechende Leistungsfähigkeit dieser Unternehmensformen begegnen. Der Verfasser sieht die Erklärung für den gegenwärtigen Stand und das Verhalten gemeinwirtschaftlicher und gemeinnütziger Unternehmen mehr in dem Verlust der ursprünglichen besonderen Aufgaben infolge der gesellschaftspolitischen und wirtschaftlichen Entwicklung als in der fehlenden Fähigkeit, diese Aufgaben zu erfüllen. Darauf gründet sich die Überzeugung, daß neue Aufgaben oder doch eine stärkere Verlagerung auf die qualitative Verbesserung des Arbeitslebens auch die gesellschaftliche Bedeutung dieser Unternehmensformen wieder stärken könnten. Das schließt nicht aus, daß ihnen auch auf diesem Gebiet nur eine historisch-vorübergehende hervorragende Rolle zukommt.

zienz) die erforderlichen Anpassungsleistungen mehr vom Kapital zu verlangen und der durch die Bindung an die Person begründeten „Schwerbeweglichkeit" des Faktors Arbeit[76] Rechnung zu tragen. Für eine solche Politik des arbeitskräfteorientierten Marktausgleichs[77] wären zunächst die Möglichkeiten aktiver Arbeitsmarktpolitik nach dem AFG, vor allem die einer drohenden Arbeitslosigkeit *vorbeugenden* Förderungsmöglichkeiten auf dem Gebiet der beruflichen Bildung[78], zu berücksichtigen. Bei deren Einsatz könnten die positiven Nebeneffekte für qualitative Beschäftigungsverbesserungen bei diesen Maßnahmen gezielt verstärkt werden, so daß durch sie nicht nur unmittelbar die Erscheinungen nicht eignungsgerechter Beschäftigung (unterwertige, dequalifizierte Beschäftigung, erzwungene Kurz- oder Teilzeitbeschäftigung) beseitigt oder gemildert, sondern auch durch die inhaltliche Ausgestaltung der beruflichen Bildungsmaßnahmen langfristig zur Verbesserung der Qualität der Arbeit beigetragen würde. Die bislang schon geforderte Verbesserung der Einrichtungen zur Arbeitsmarktdiagnose und -prognose, der Beratung vor der Berufswahl und der Arbeitsplatzvermittlung könnte ergänzend auch zur Berücksichtigung von Aspekten der Qualität der Arbeitsbedingungen genutzt werden. Soweit durch diese Maßnahmen eine durch Anpassungsleistungen der Arbeitnehmer *erzwungene*, regionale *Mobilität* auch durch regionale Wirtschaftsförderung und eine verstärkte (nach Möglichkeit schon qualitativ orientierte) Schaffung von Arbeitsplätzen nicht verhindert werden kann, müßte sie auf Regionen oder Nationen und auf jüngere oder mittelalte Arbeitnehmer zu beschränken versucht werden[79]. Im übrigen könnte über den konsequenten Einsatz der Möglichkeiten des AFG hinaus an eine auch die nicht-materiellen Nachteile in gewisser Weise materiell kompensierende Regelung gedacht werden. Eine solche Kompensation könnte auch die freiwillige Mobilität der Arbeitnehmer fördern, die m. E. unter den historischen Bedingungen für die Entfaltung der Persönlichkeit ebenso förderlich ist, wie sie den erforderlichen sozialen Wandel im Zusammenhang mit der Verwirklichung des Sozialstaatsgebots unterstützen könnte.

Als unmittelbare, für die Verwirklichung von „Qualität der Arbeit" relevante Möglichkeiten politischer Gestaltung sind zunächst der Bereich der Mitbestimmungsgesetzgebung, in dem das Betriebsverfassungsgesetz und die Unternehmensmitbestimmung durch eine allgemeine

---

[76] Vgl. *Eduard Willeke:* Art. „Arbeitsmarkt". In: HdSW. Bd. 1. 1956. S. 323.
[77] Vgl. *Ursula Engelen-Kefer:* Arbeitsmarktpolitik und technischer Wandel.
[78] Vgl. AFG §§ 33 ff.
[79] Damit wäre die Zielsetzung verbunden, anstelle von Gastarbeiterwanderungen Kapitalexport zu fördern und für ältere Arbeitnehmer erzwungene Mobilität besonders zu verhindern. Zur allgemeinen Problemstellung vgl. vor allem *Bruno Molitor:* Zur Politik der Arbeitsmobilität. In: Hamburger Jahrbuch. 14. Jahr (1969). S. 87 ff.

Mitbestimmungsregelung ergänzt werden könnte, und der für eine gesetzliche Regelung derzeit vorgesehene Bereich der beruflichen Bildung zu berücksichtigen. Darüber hinaus sollte der vermuteten Bedeutung für die Prägung der Interessen und Fähigkeiten entsprechend den allgemeinen Sozialisationsprozessen mehr Aufmerksamkeit geschenkt werden, wobei im staatlichen Bildungswesen auch die Bildungsinhalte unter dem Aspekt der Persönlichkeitsentfaltung („Emanzipation") vor allem stärker auf die historisch-konkreten gesellschaftlichen Arbeits- und Lebensbedingungen ausgerichtet werden und der faktischen gesellschaftlichen Interdependenz auch auf der Wertebene Rechnung tragen könnten[80]. Von den „freien" gesellschaftlichen Sozialisationsprozessen bedürfte m. E. die Konsumgüterwerbung einer gründlichen Prüfung ihrer Auswirkungen auf die Entwicklung der Interessen und Fähigkeiten der Individuen und könnte durch Appelle an die Werbung Betreibenden, durch Aufklärung der Verbraucher, aber auch durch Gesetz gewissen Beschränkungen nach Objekt, Art und Umfang unterworfen werden, wenn durch sie — wie vermutet — die Verwirklichung der sozialstaatlichen Ziele der Persönlichkeitsentfaltung behindert wird. Schließlich scheint mir in bezug auf den Bereich der beruflichen Bildung über die inhaltlichen Forderungen und die Förderungsmöglichkeiten hinaus die Möglichkeit gegeben, die langfristig vermutlich weiter wachsende Freizeit vor allem für die Förderung der arbeitsrelevanten Qualifikationen (im weitesten Sinne) durch einen gesetzlichen Bildungsurlaub zu binden[81], in dem neben der unmittelbar beruflichen Qualifikation auch die Fähigkeiten zur Teilhabe an Willensbildungs- und Entscheidungsprozessen in den Organisationen der Arbeitnehmer und den gesellschaftlichen Gebilden des Arbeitslebens verbessert werden könnten. Für die qualitative Verbesserung der eigentlichen Arbeitsbedingungen könnte eine Gesetzgebung begonnen werden, die an den traditionellen Arbeitnehmerschutz[82] anknüpft und ihn der in anderen Bereichen der Sozialpolitik schon weiter fortgeschrittenen Entwicklung entsprechend zu einer aktiven, auch an den Interessen der Arbeitnehmer möglichst unmittelbar ausgerichteten Politik wandelt. Inhaltlich könnten dabei einheitliche und noch allgemein (d. h. relativ unbestimmt) gehaltene *Mindeststandards* für Arbeitszeitregelungen, für die ergonomischen Arbeitsbedingungen und für die Gestaltung der Arbeitsaufgaben in die Gewerbeordnung eingefügt werden.

---

[80] Vgl. *Horst E. Richter:* Lernziel Solidarität. Hamburg 1974.
[81] Vgl. *Bernhard Külp, Robert Müller:* Alternative Verwendungsmöglichkeiten wachsender Freizeit. Ökonomische und sozialpolitische Implikationen. Göttingen 1973. S. 84 ff. — *Herbert Nierhaus:* Bildungsurlaub. Berlin 1972.
[82] Umfassend den Gefahren- oder „Betriebs"schutz, den Arbeitszeitschutz und den Schutz des Arbeitsverhältnisses. Vgl. *Heinz Lampert:* Die Wirtschafts- und Sozialordnung der BRD. S. 172 ff. — *Ders.:* Art. „Sozialpolitik". In: Evangelisches Staatslexikon. Stuttgart 1966. Sp. 2077 ff.

Die sektoral- und betriebsspezifische Konkretisierung und die Kontrolle der Verwirklichung könnte einem (auch von anderen sozialpolitischen Aufgaben her sinnvoll erscheinenden) zu schaffenden öffentlich-rechtlichen System von Arbeitnehmerkammern[83] übertragen werden.

Auf der Grundlage der auf der Makro-Ebene gesicherten Voraussetzungen für Vollbeschäftigung des verfügbaren Arbeitsangebots und einheitlicher Mindeststandards qualitativer Beschäftigungsbedingungen könnte sich dann die *Tarifautonomie* bei einer differenzierten Ausweitung und branchenspezifischem Ausbau entfalten. Das offensichtlich zunehmende Interesse der Gewerkschaften[84] und auf Seite der Arbeitgeber nach ersten positiven Erfahrungen die Vermutung, daß erhöhte Arbeitszufriedenheit auch die Arbeitsleistung fördert, könnten dazu führen, daß qualitativ befriedigende Beschäftigungsbedingung neben Bar- und Investivlohn stärker als bisher Gegenstand der Auseinandersetzung und Tarifvereinbarung werden, wobei die oben erwähnte Verlagerung der Kontrolle des gesetzlichen Mindeststandards der Beschäftigungsqualität auf Arbeitnehmerkammern die Gewerkschaften für ihre Funktion im Rahmen der Tarifautonomie freihalten würde. Durch diese zusätzliche Berücksichtigung der Qualität der Arbeit könnte m. E. auch die Konfliktsituation zwischen der autonomen Gestaltung der Lohneinkommen durch die Tarifpartner und der staatlichen Politik der Stabilisierung der wirtschaftlichen Entwicklung, vor allem des Preisniveaus, entschärft und dem Rechtsinstitut der Tarifautonomie wieder mehr Autonomie im materiellen Sinne gegeben werden[85]. Schließlich würde innerhalb dieses Rahmens die freie Wahl des Berufs- und Arbeitsplatzes sowie die *individuellen*, gegebenenfalls über gesetzliche und tarifliche Mindestnormen hinausgehenden *Vereinbarungen* zunehmend auch an den Aspekten der Qualität der Arbeit orientiert sein können, vor allem, wenn auch die genannten Möglichkeiten in bezug auf die Sozialisationsprozesse wahrgenommen werden. Über dem für alle gleichen Standard einer für menschenwürdig in der soziokulturellen Schätzung eingestuften Beschäftigung könnte sich dann die „Qualität der Arbeit" auch als Allokationsinstrument und Mittel des Leistungsanreizes etablieren.

---

[83] Als Übersicht über die hier nicht aufnehmbare Diskussion vgl. *Jürgen Peters:* Arbeitnehmerkammern in der BRD? München 1973.

[84] Vgl. nur die DGB-Konferenz über „Humanisierung der Arbeit als gesellschaftspolitische und gewerkschaftliche Aufgabe" am 16./17. Mai 1974 in München.

[85] Diese Überlegung beruht auf der — wie mir scheint — realistischen Voraussetzung, daß ein Großteil der Maßnahmen zur Verbesserung der Qualität der Arbeit das gesamt- und einzelwirtschaftliche Kostenniveau nicht erhöhen dürfte und daß zudem das zur Verteilung verfügbare Potential zwar nicht quantitativ, aber doch qualitativ ausgeweitet würde.

Die sozialpolitische Bedeutung „allokativer" Arbeitsmarktpolitik

Von *Ulrich Pagenstecher*, Nürnberg

Problemstellung

Politische Einwirkungen auf den Arbeitsmarkt können unter dem Aspekt betrachtet und begrifflich zusammengefaßt werden, ob sie bestimmte Wirkungen haben oder erwarten lassen, beispielsweise Wirkungen (1) auf die Ausstattung der bereitgestellten Arbeitsgelegenheiten mit Beschäftigungsbedingungen, (2) auf die Ausstattung der Arbeitsanbieter mit beruflichen Fähigkeiten, (3) auf die Anzahl der durch Beschäftigungsverhältnisse verknüpften Arbeitskräfte und Arbeitsplätze, (4) auf die Verteilung der Beschäftigten auf die verschiedenen Arbeitsplätze. Im ersten Falle sind, statt eines zusammenfassenden Ausdrucks, die geläufigen Bezeichnungen für Eingriffe in spezielle Beschäftigungsbedingungen üblich: „Lohnpolitik", „Arbeitszeitpolitik", „Arbeitsplatzgestaltung". Im zweiten Falle spricht man von „Bildungs-" oder „Ausbildungspolitik". Einwirkungen der dritten Gruppe kann man als Maßnahmen „quantitativer Arbeitsmarktpolitik", solche der vierten als Maßnahmen „allokativer Arbeitsmarktpolitik"[1] bezeichnen.

Unser Referat befaßt sich nur mit Aktivitäten der zuletzt genannten Art. Von ihnen sollen hier insbesondere solche Maßnahmen außerbetrieblicher Instanzen in Betracht gezogen werden, die die Verteilung der jeweils vorhandenen und mit gegebenen beruflichen Fähigkeiten ausgestatteten Arbeitskräfte auf die vorhandenen und mit gegebenen Beschäftigungsbedingungen ausgestatteten Arbeitsplätze beeinflussen[2].

Allokative Arbeitsmarktpolitik wird vielfach primär als Mittel der Wirtschaftspolitik aufgefaßt. Im Hinblick auf das Ziel der Steigerung des Sozialprodukts wird ihr die Aufgabe zugeschrieben, die Arbeits-

---

[1] In der dem sozialpolitischen Ausschuß vorgelegten Fassung sprach der Verf. von „qualitativer" Arbeitsmarktpolitik. Die hier gebrauchte Vokabel dürfte den gemeinten Sachverhalt deutlicher zum Ausdruck bringen.

[2] Maßnahmen dieser Art können genauer als Aktivitäten „allokativer Arbeitsmarktpolitik im engeren Sinne" gekennzeichnet werden. „Allokative Arbeitsmarktpolitik im weiteren Sinne" umfaßte dann zusätzlich Aktivitäten, die die Verteilung der Arbeitskräfte durch Einwirkung auf die Beschäftigungsbedingungen oder die beruflichen Fähigkeiten beeinflussen. Im folgenden meint „allokative Arbeitsmarktpolitik" stets den engeren Begriff.

kräfte so auf die Arbeitsplätze zu verteilen, daß jeder Beschäftigte an die Stelle gelangt, an der er seine größte Produktivität erreicht[3].

In diesem Beitrag soll gezeigt werden, daß das Mittelarsenal allokativer Arbeitsmarktpolitik ebensowohl primär für sozialpolitische Ziele genutzt werden könnte. Im I. Abschnitt ist zu klären, inwiefern allokative Arbeitsmarktpolitik überhaupt sozialpolitisch relevant ist und welche sozialpolitischen Aufgaben ihr gestellt werden könnten. Abschnitt II beleuchtet spezifisch sozialpolitische Wirkungsmöglichkeiten ihrer verschiedenen Instrumente. Im III. Abschnitt wird die Frage angeschnitten, ob eine stärkere Ausrichtung auf sozialpolitische Ziele wohlfahrtspolitisch zweckmäßig ist.

I. Sozialpolitische Relevanz und sozialpolitische Aufgaben allokativer Arbeitsmarktpolitik

1. Sozialpolitische Ziele

Zur Klärung der sozialpolitischen Bedeutung allokativer Arbeitsmarktpolitik bedarf es einer Konvention über die Bezugsnorm. Wir wollen in Anlehnung an die Konzeption Gerhard Weissers[4] alle die Elemente gesellschaftspolitischer Zielbündel zur Klasse der „sozialpolitischen" Ziele rechnen, die Verbesserungen der Lebenslage sozial Schwacher zum Inhalt haben. Dieser Abgrenzungsvorschlag dürfte die Essenz dessen einfangen, was der sozialpolitischen Praxis weithin als Leitidee gilt.

---

[3] Vgl. z. B. das Jahresgutachten 1967/68 des Sachverständigenrats zur Begutachtung der gesamtwirtschaftlichen Entwicklung, Ziff. 277.
Im Manpower Report der amerikanischen Regierung aus dem Jahre 1966 heißt es: „Our goal is not just a job for every worker. Our goal is to place every worker in a job where he utilizes his full productive potential for his own and for society's benefit." *Philipp Arnow*, What are our Manpower Goals?, in: Robert A. Gordon (ed.), Toward a Manpower Policy, New York 1967, S. 54.
In ihrem Bericht zur Arbeitsmarktpolitik an die OECD vom Jahre 1972 hält es die Bundesregierung „mehr denn je ... (für) geboten, die Produktionsfaktoren — und hier insbesondere den Produktionsfaktor Arbeit — in jene Bereiche zu lenken, in denen sie den relativ größten volkswirtschaftlichen Nutzen erbringen". (Bundesminister für Arbeit und Sozialordnung, Arbeitsmarktpolitik. Bericht der Bundesregierung an die OECD, 2. Aufl., Bonn 1974, S. 24). Die Präponderanz des wirtschaftspolitischen Wachstumsziels zeigt sich auch in der Zielformulierung des § 1 AFG: „Die Maßnahmen nach diesem Gesetz sind ... darauf auszurichten, daß ein hoher Beschäftigungsstand erzielt und aufrechterhalten, die Beschäftigungsstruktur ständig verbessert *und damit* (Hervorhebung v. Verf.) das Wachstum der Wirtschaft gefördert wird."

[4] Vgl. *Gerhard Weisser*, Art. Sozialpolitik, in: Leo Brandt (Hrsg.), Aufgaben Deutscher Forschung, 2. Aufl., Bd. I: Geisteswissenschaften, Köln und Opladen 1956, S. 410 ff.; ders., Art. Soziale Sicherheit, HDSW, 9. Bd., Stuttgart - Tübingen - Göttingen 1956, S. 396; ders., Art. Sozialpolitik, in: Wilhelm Bernsdorf (Hrsg.), Wörterbuch der Soziologie, Stuttgart 1969, S. 1041 ff.

Was mit „Verbesserung der Lebenslage" gemeint ist, läßt sich näherungsweise an Hand einer Grafik verdeutlichen. Eine Person habe nur die beiden Bedürfnisse x und y. Für jedes von ihnen gelte, daß die Person einen höheren Grad seiner Befriedigung einem niedrigeren vorzieht. Die beiden Koordinaten bezeichnen die denkbaren Befriedigungsgrade. Die „Budgetlinie" G markiert diejenigen Befriedigungsgrade, die die Person in der vorliegenden Situation höchstens erreichen kann. Das Dreieck unter G symbolisiert dann die „Lebenslage" dieser Person. „Verbesserung" einer Lebenslage bedeutet demnach, den durch G begrenzten Spielraum der Bedürfnisbefriedigung zu erweitern.

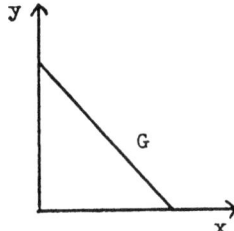

Genauere Auskunft gibt Weissers detaillierte „Lebenslage"-Definition. „Als Lebenslage gilt der Spielraum, den die äußeren Umstände dem Menschen für die Erfüllung der Grundanliegen bieten, die er bei unbehinderter und gründlicher Selbstbesinnung als bestimmend für den Sinn seines Lebens ansieht"[5].

Unter die „äußeren Umstände" kann man alle natürlichen und sozialen Gegebenheiten subsumieren, die der Befriedigung von Bedürfnissen im Wege stehen. Dazu gehören nicht nur die Widerstände, die uns die Umwelt entgegensetzt (z. B. die Interessen und Handlungen anderer Personen), sondern auch die Beschränkungen, die uns die eigene psychophysische „Ausstattung" auferlegt (z. B. körperliche Insuffizienzen, Antriebsschwäche, Informationsmängel).

Was als zielrelevantes „Bedürfnisbündel" gelten soll, wird durch die Bedingung der „unbehinderten und gründlichen Selbstbesinnung" gekennzeichnet. Relevant sind nicht die „tatsächlichen" Interessen, die häufig aus Fehleinschätzungen der eigenen Person oder der Umwelt resultieren, sondern die „wohlverstandenen" Interessen. Das Konzept des wohlverstandenen Interesses impliziert eine Bedürfnisbildung unter größtmöglicher Freiheit von theoretischen und faktischen Irrtümern.

---

[5] *Gerhard Weisser*, Art. Distribution. (II) Politik, HDSW, 2. Bd., Stuttgart - Tübingen - Göttingen 1959, S. 635.

Wer seinen wohlverstandenen Interessen folgt, erreicht sein langfristiges Nutzenmaximum[6]. Welchen Inhalt diese Interessen im Einzelfall haben, kann wohl nur anhand (seins-)wissenschaftlicher Erkenntnisse ausgemacht werden; der Bezugsstandard für „größtmögliche Irrtumsfreiheit" wäre dann das beste jeweils vorhandene wissenschaftliche Wissen.

Bei Berücksichtigung dieser Präzisierungen[7] bedeutet „Verbesserung einer Lebenslage" nicht schlechthin, Grenzen der Bedürfnisbefriedigung zu erweitern, sondern diejenigen natürlich-sozialen Widerstände abzuschwächen, die die Befriedigung wohlverstandener Interessen begrenzen. Diese Widerstände können — wie gesagt — sowohl von der Umwelt als auch vom Individuum selbst ausgehen. Die Lebenslage eines Individuums läßt sich deshalb nicht nur durch Einwirkung auf „äußere" Widerstände verbessern, sondern auch dadurch, daß seine physisch-mentale Fähigkeit zur Befriedigung seiner wohlverstandenen Interessen gestärkt oder daß tatsächliche Bedürfnisse zurückgedrängt werden, deren Befriedigung eine Verengung des Spielraums zur Befriedigung wohlverstandener Interessen zur Folge hätte.

Eine überzeugende Umgrenzung des Kreises der „sozial Schwachen" ist bisher nicht gelungen. Klar ist nur soviel, daß Personen gemeint sind, deren Lebenslage, gemessen an einer Bezugslage, als zu niedrig erscheint. Die Vorstellungen über das Niveau dieses Standards orientieren sich in der Regel einerseits an der Höhe tatsächlich vorgefundener Lebenslagen, genauer: an Lebenslagen, deren Niveau über dem Durchschnitt liegt, andererseits an dem, was jeweils als realisierbar gilt. Wir wollen uns hier jener Auffassung anschließen, die zu den „Schwachen" unter anderem einen Großteil der abhängig Beschäftigten zählt[8].

Konkretere sozialpolitische Ziele können durch Spezifizierung der für sozial Schwache relevanten Befriedigungsgrenzen gewonnen werden.

Ein erheblicher Teil der Bedürfnisse läßt sich nur (oder vornehmlich) durch Hingabe von Geld befriedigen. Die Lebenslage wird also zum Teil vom Umfang der monetären Ressourcen begrenzt. Ein wichtiges sozialpolitisches Teilziel ist demnach die Erweiterung des finanziellen Spielraums der Schwachen; soweit die Schwachen abhängig beschäftigt

---

[6] Die Idee des seinen langfristigen Nutzen maximierenden Individuums entspricht formal dem Konzept einer an langfristiger Gewinnmaximierung orientierten und insoweit vollkommen informierten Unternehmung, die während ihrer Lebensdauer die größtmögliche Gewinnsumme erzielt (und deshalb keinen Anlaß hat, zu irgendeinem Liquidierungszeitpunkt vorher ausgeführten Aktivitäten zu „bereuen"). Überträgt man dieses Konzept auf Personen, so wird man u. a. die Möglichkeit zu berücksichtigen haben, daß sich die wohlverstandenen Interessen im Laufe des Lebens ändern können.

[7] Es kommt uns hier nicht auf „Exegese" an. Die im Text gebrauchten Formulierungen gehen allein zu Lasten des Verfassers; ob sie immer den Intentionen Gerhard Weissers gerecht werden, sei offen gelassen.

[8] Siehe z. B. *Gerhard Albrecht*, Sozialpolitik, Göttingen 1955, S. 32.

Die sozialpolitische Bedeutung „allokativer" Arbeitsmarktpolitik 65

sind im besonderen: die Erhöhung der Lohneinkommen. Da gesellschaftspolitische Zielbündel in der Regel kein spezifisches Einkommensziel für die „Nicht-Schwachen" enthalten, kann das sozialpolitische Einkommensziel zugleich als Postulat der „gleichmäßigeren" oder — soweit ungleiche Verteilung der Befriedigungschancen als ungerecht gilt — der „gerechteren Einkommensverteilung" interpretiert werden.

Wer einer Arbeitsorganisation angehört, kann einen Teil seiner Interessen nur insoweit befriedigen, wie es die „Arbeitssituation" zuläßt, die er dort vorfindet. Die Arbeitssituation sei als ein Bündel von „Arbeitsbedingungen" definiert, d. h. von spezifischen Ausprägungen befriedigungsrelevanter nicht-monetärer Beschäftigungsmerkmale, etwa von Merkmalen

— der technisch-physikalischen Ausstattung der Arbeitsstätte: ästhetische Qualität und räumliche Dichte der Fabrikanlagen, Größe und Ausstattung der Arbeits- und Pausenräume, Modernitätsgrad der technischen Apparaturen, klimatische und arbeitshygienische Verhältnisse, Bequemlichkeit und Sicherheit der Arbeitsplätze;
— der interpersonellen Beziehungen im Betrieb: Belegschafts- und Abteilungsgröße, Anzahl und Status der Interaktionspartner, Häufigkeit und Dauer interpersoneller Kontakte, Form und Art der Kommunikationsinhalte, betriebliche Autoritätsstruktur;
— des Arbeitsvollzugs: Auslastungsgrad der körperlichen und geistigen Fähigkeiten, Selbst- oder Fremdbestimmung bei der Ausführung der Arbeitsaufgabe, Arbeitsgeschwindigkeit, Gleichförmigkeit oder Unterschiedlichkeit der Verrichtungen, Dauer der Arbeitszyklen, Art und Zweckbestimmung der herzustellenden Produkte;
— der Arbeitszeitgestaltung: Länge, Aufteilung und Flexibilität der täglichen, wöchentlichen und jährlichen Arbeitszeit;
— der Form, Ermittlung und innerbetrieblichen Abstufung der Arbeitsvergütungen: Zeit- oder Akkordlöhne, Durchsichtigkeit des Berechnungsverfahrens, Gerechtigkeit der betrieblichen Lohnstruktur[9].

Die meisten Beschäftigten verbringen einen großen Teil ihrer Zeit an der Arbeitsstätte. Der Befriedigungsspielraum, den die Arbeitssitua-

---

[9] Als weitere befriedigungsrelevante Merkmale werden häufig die „Aufstiegschancen" und die „Sicherheit des Beschäftigungsverhältnisses" genannt. Sie beziehen sich auf die Wahrscheinlichkeit, daß sich gewisse Komponenten der derzeitigen individuellen Berufssituation in Zukunft verbessern bzw. nicht verschlechtern werden, also auf die zukünftige Lage von Befriedigungsgrenzen. Diese Merkmale auf der gleichen Klassifikationsebene anzuordnen wie die im Text umschriebenen Beschäftigungsbedingungen erscheint uns als fragwürdig, weil damit die Spezifizierung von Befriedigungsgrenzen nach Sachbereichen konfundiert würde mit der Spezifizierung der für diese Befriedigungsgrenzen relevanten Zeitindizes. Vgl. auch *Gerhard Kleinhenz*, Probleme wissenschaftlicher Beschäftigung mit der Sozialpolitik, Berlin 1970, S. 74.

tion gewährt, ist für sie von ähnlicher Bedeutung wie die Lohnhöhe[10]. Ein dem Einkommensziel gleichrangiges sozialpolitisches Teilziel wäre deshalb die „Verbesserung der Arbeitsbedingungen". Da die Arbeitsbedingungen den erreichbaren Grad an unmittelbarer Zufriedenheit mit der Arbeit bestimmen, kann man dieses Ziel auch mit „Erhöhung der Arbeitszufriedenheit" ausdrücken. Aus dem Primat der wohlverstandenen Interessen folgt, daß vornehmlich die „langfristige" Arbeitszufriedenheit gemeint ist. Welche Änderungen der Arbeitssituation für den Arbeitnehmer „Verbesserungen" und welche Verbesserungen für ihn vorrangig sind, dürfte wegen der interpersonellen Verschiedenheit und der Variabilität der individuellen Arbeitsinteressen generell kaum bestimmbar sein. Eine weitergehende Zielkonkretisierung muß deshalb dem situationsbezogenen Urteil des Arbeitspsychologen überlassen bleiben.

Weitere sozialpolitische Teilziele ließen sich für die außerberuflichen Befriedigungsgrenzen ableiten. Sie beträfen aber hauptsächlich Lebenslagemerkmale, die durch allokative Arbeitsmarktpolitik kaum beeinflußbar sind.

2. Die sozialpolitische Relevanz der Allokationsprozesse auf dem Arbeitsmarkt

Die geläufigsten Strategien zur Verwirklichung größerer Einkommensgerechtigkeit und Arbeitszufriedenheit sind einerseits die kollektive Lohnbildung und die staatliche Redistributionspolitik, andererseits staatliche und gewerkschaftliche Eingriffe in die betrieblichen Arbeitsbedingungen. Weniger Beachtung findet dagegen das Instrumentarium der allokativen Arbeitsmarktpolitik[11]. Wir wollen zunächst zeigen, inwiefern die Allokationsprozesse des Arbeitsmarktes überhaupt für die hier akzentuierten Ziele relevant sind.

---

[10] Aufgrund von Befunden des amerikanischen Survey of Working Conditions von 1971 vermutet *Stanley E. Seashore* sogar, daß die nicht-monetären Komponenten bei der Bewertung der „quality of employment" überwiegen: „Earned pay ... is rarely absent as a significant factor ..., but it also rarely appears as a strong factor. Other considerations appear to have priority for most workers in most situations most of the time. It is striking that this conclusion holds for workers of objectively low income as well as for the workers of objectively high income. It is plain that employment means much more to these workers than merely a source of economic support. ... About 65 % of employed adults say that they would continue in employment (not necessarily in the same job) even if, for some reason, they did not need the income from the work." (Societal Implications of the Quality of Employment, in: Bernd Biervert, Karl-Heinz Schaffartzik, Günter Schmölders (Hrsg.), Konsum und Qualität des Lebens, Opladen 1974, S. 414).

[11] Als aktuelles Beispiel sei das kürzlich von den Bundesministerien für Arbeit und Forschung vorgelegte Forschungsprogramm zur Humanisierung des Arbeitslebens erwähnt (Sonderausgabe der Sozialpolitischen Informationen, Jg. VIII, vom 8. 5. 1974), in dem die Möglichkeit einer „Humanisierung durch Umallokation" nicht in Betracht gezogen wird.

Der Einkommensabstand zwischen Arbeitnehmern und Selbständigen dürfte zu einem Teil auf monopsonistischer Lohnbildung beruhen. Der Monopsonist ist nicht genötigt, den Lohn zu zahlen, der dem Wert des Grenzproduktes der beschäftigten Arbeitsmenge entspricht. Falls das Arbeitsangebot starr ist, kann er bis auf den Lohnsatz heruntergehen, zu dem die Arbeiter gerade noch arbeitsbereit sind. Falls das Arbeitsangebot zwar nicht starr, aber doch unelastisch ist, genügt der Lohn, der ihm die dem Schnittpunkt von Grenzerlösprodukts- und Grenzausgabenkurve entsprechende Arbeitsmenge sichert. Monopsone auf dem Arbeitsmarkt resultieren in der Regel aus dem Verhalten der Arbeitsanbieter. Sie entstehen immer dann, wenn die Arbeitnehmer nicht oder nur begrenzt auf Lohnunterschiede zwischen den ihnen offenstehenden Arbeitsgelegenheiten reagieren.

In der Gegenwart begegnen uns Arbeitsmonopsone hauptsächlich in der schwächeren Form des mehr oder weniger unelastischen Arbeitsangebots. Für ihre Verbreitung sprechen verschiedene empirische Indizien:

— Zahlreiche Mobilitätsstudien ergaben, daß zwischenbetriebliche Lohnunterschiede von vielen Arbeitern nicht als hinreichender Anreiz zum Betriebswechsel empfunden werden[12]. Soweit die Arbeiter überhaupt bereit sind, wegen besserer Verdienstmöglichkeiten zu wechseln, scheint die „Reizschwelle" häufig bei Lohndifferenzen zwischen 15 und 20 % zu liegen[13].

— Die Lohnsätze für gleichartige Tätigkeiten in der gleichen Branche und Lokalität streuen häufig um 20 - 40 %, ohne daß Angleichungstendenzen erkennbar wären[14].

— Viele Betriebe differenzieren ihre Löhne nach den relativen Elastizitäten des externen und internen Arbeitsangebots. Wenn das interne Angebot nicht mehr ausreicht, gewähren sie den von außen angeworbenen Kräften zeitweilig höhere Leistungsentgelte als ihren Stammarbeitern (z. B. durch Senkung der Qualifikationsanforderungen)[15].

---

[12] Siehe z. B. *P. de Wolff* et al., Wages and Labour Mobility, OECD, Paris 1965, S. 17 und 64.

[13] *Michael P. Fogarty,* Wage and Salary Policies for Recruitment, Brit. Journ. of Ind. Rel., Vol. III (1965), S. 317; *Friedrich Weltz,* Bestimmungsgrößen des Verhaltens von Arbeitnehmern auf dem Arbeitsmarkt, RKW-Projekt A 58, Frankfurt 1971, S. 17.

[14] *Richard A. Lester,* Results and Implications of Some Recent Wage Studies, in: Richard A. Lester and Joseph Shister (eds.), Insights into Labor Issues, New York 1948, S. 209; *Derek Robinson,* Wage Drift, Fringe Benefits, and Manpower Distribution, OECD, Paris 1968, S. 77.

[15] *Peter P. Doeringer* and *Michael J. Piore,* Internal Labor Markets and Manpower Analysis, Lexington 1971, S. 98.

Der Arbeitsmarkt verteilt nicht nur Einkommensanteile, sondern auch Chancen zu größerer oder geringerer Arbeitszufriedenheit. „Arbeitszufriedenheit" ist — wie der Gebrauchswert eines Warenkorbs — eine saldierte Nutzengröße, deren Niveau in der Regel weniger von der Qualität einzelner Arbeitsbedingungen, als vielmehr von der Zusammensetzung des erlangten „Bündels" von Arbeitsbedingungen abhängt. Sie wird um so höher sein, je mehr der Inhalt dieses Bündels dem Inhalt der arbeitsrelevanten Interessen kongruent ist (technisch gesprochen: je höher die Indifferenzlinie der Arbeitsinteressen liegt, die mit diesem Bündel erreicht wird). Der unselbständige Produzent kann sein Bündel von Arbeitsbedingungen aber nicht ebenso beliebig zusammenstellen wie der Konsument seinen Warenkorb. Zwar ist in hochdifferenzierten Industriewirtschaften jedes einzelne „Arbeitsgut" in vielen Varianten erhältlich. Der Produzent ist aber nicht, wie der Konsument, in der Lage, die einzelnen Güter „in verschiedenen Geschäften zu kaufen". Er muß sich mehr oder weniger langfristig einem einzigen „Verkäufer von Arbeitsgütern" verschreiben; in der Regel bleibt ihm nicht einmal die Wahlfreiheit des stadtfernen Versandkunden, der immerhin die relativ breite Palette des Katalogsortiments vor sich hat. Als Arbeitnehmer ist er auf vorsortierte Bündel von Arbeitsbedingungen verwiesen, deren Inhalte weitgehend die Arbeitgeber festlegen. Aus dem von anderen vorstrukturierten Angebot kann er zudem nicht völlig frei auswählen. Welches Bündel dem einzelnen Arbeitnehmer im Verteilungsprozeß zufällt, hängt nicht nur von seinen eigenen Präferenzen ab, sondern ebensowohl vom Marktverhalten der Arbeitgeber und der übrigen Arbeitnehmer. Aus den — wie uns scheint, realistischen — Annahmen, daß (1) die Arbeitszufriedenheit wesentlich von der Zusammensetzung des jeweils erlangten Bündels von Arbeitsbedingungen abhängt, der Arbeitnehmer aber (2) weder dieses Bündel selbst zusammenstellen noch (3) nach Belieben unter den verfügbaren Arbeitsplätzen wählen kann, folgt, daß das Niveau seiner Arbeitszufriedenheit in erheblichem Maße von der Funktionsweise des Allokationsprozesses abhängt.

Was der Marktmechanismus faktisch im Hinblick auf Arbeitszufriedenheit leistet, ist forschungsmethodisch schwer faßbar. Mangels handfester empirischer Belege können wir nur auf einige ausbaufähige Ansätze hinweisen:

— Industriesoziologische Untersuchungen ergaben, daß einerseits rund zwei Drittel der Erwerbstätigen auf Befragen erklären, mit ihrer Arbeit im großen und ganzen zufrieden zu sein[16], andererseits zum

---

[16] *Ralf Dahrendorf*, Sozialstruktur des Betriebes, Wiesbaden 1959, S. 77. *George Strauss* (Job Satisfaction, Motivation and Job Redesign, in: ders. et al., Organizational Behavior. Research and Issues. Madison 1974, S. 23) konstatiert

Teil nur 30 - 50 % der gelernten und 15 - 20 % der ungelernten Arbeiter angeben, erneut die gleiche Tätigkeit zu wählen, wenn sie noch einmal von vorn anfangen könnten[17].

— Manche Befunde deuten darauf hin, daß ein Teil der Arbeiter an subjektiv unangenehmen Plätzen arbeitet und die Arbeitsbedingungen einer anderen Arbeitergruppe vorzöge, während gleichzeitig Arbeiter der anderen Gruppe gerade diese Plätze für erstrebenswert und die eigenen für unbefriedigend halten, woraus folgt, daß ein „Plätzetausch" bei beiden Gruppen zu höherer Arbeitszufriedenheit führen könnte. So ergab eine Divo-Umfrage, daß 30 % der in Klein- und Mittelbetrieben Tätigen lieber in größeren Betrieben, zugleich aber 20 % der in Mittel- und Großbetrieben Beschäftigten lieber in kleineren Betrieben arbeiten würden[18]. Bei einer anderen Erhebung wünschten sich 60 % der Akkordlöhner den Zeitlohn und 9 % der Zeitlöhner den Akkord[19]. Aus einem Sample von Hüttenarbeitern sprachen sich 37 % für Gruppenarbeit aus, während 47 % die Einzelarbeit bevorzugten. Tatsächlich arbeiteten 60 % in Gruppen und 36 % an Einzelarbeitsplätzen[20].

— Aus Mobilitätsstudien geht hervor, daß Wechselvorgänge häufig nicht durch „pull-incentives", sondern durch „push-incentives" ausgelöst werden: anscheinend wechseln Arbeiter hauptsächlich deshalb, weil sie mit ihrer derzeitigen Arbeitssituation unzufrieden sind, nicht aber, weil sie von einem besser ausgestatteten Arbeitsplatz „angezogen" werden[21]. Wenn aber erst durch den Druck konkret empfundener Unzufriedenheit gewechselt wird, können vorhandene Verbesserungschancen nicht voll ausgeschöpft werden.

---

einen Anstieg des Anteils der Zufriedenen gegenüber den 40er und 50er Jahren und beziffert ihn für die Gegenwart auf rund 75 %.

[17] *Robert Blauner*, Work Satisfaction and Industrial Trends in Modern Society, in: Walter Galenson and Seymour M. Lipset (eds.), Labor and Trade Unionism, New York - Toronto - London 1960, S. 342 - 343.

Blauners Befund markiert die untere Grenze eines Streuungsbereichs divergierender Forschungsresultate. Eine in der Fragestellung weniger pointierte (und etwas anders stratifizierte) INFAS-Erhebung ergab Werte von 61 % für Facharbeiter und von 46 % für an- und ungelernte Arbeiter; s. Presse- und Informationsamt der Bundesregierung, Gesellschaftliche Daten 1973, Bonn 1973, S. 230.

[18] *Erich Reigrotzki*, Die betriebliche Sozialpolitik bei Unternehmen verschiedener Größe, in: Helmut Arndt (Hrsg.), Die Konzentration in der Wirtschaft, Schrift. des Ver. f. Socialpolitik, N.F., Bd. 20, 2. Bd., Berlin 1960, S. 1455 und 1466.

[19] *Werner Remmers*, Auswirkungen von Lohnformen und Lohnermittlungsmethoden auf die persönliche und soziale Zufriedenheit der Arbeitnehmer, Jb. d. Inst. f. christl. Soz.wiss., 4. Bd. (1963), S. 128.

[20] *Otto Neuloh*, Der neue Betriebsstil, Tübingen 1960, S. 234.

[21] *Herbert S. Parnes*, The Labor Force and Labor Markets, in: Herbert G. Heneman et al. (eds.), Employment Relations Research, New York 1960, S. 28.

— Der wohl bisher ertragreichste Forschungsansatz besteht aus Analysen der vielfältigen Transparenzmängel und Mobilitätshindernisse, die der Bewegung zu besseren Arbeitsbedingungen im Wege stehen. Einige Ergebnisse werden im II. Abschnitt wiedergegeben.

Die skizzierten Befunde können unsere Frage gewiß nicht beantworten. Besonders das zuletzt angesprochene Material legt aber mindestens die Vermutung nahe, daß der derzeitige Arbeitsmarkt kaum in der Lage ist, den Grad an Kongruenz zwischen den Arbeitssituationen und den Arbeitsinteressen herbeizuführen, der bei den gegebenen Strukturen von Arbeitsbedingungen (und den gegebenen Lohnpräferenzen) erreichbar wäre.

Damit dürfte deutlich sein, daß die Realisierungsgrade wichtiger sozialpolitischer Teilziele nicht unwesentlich von der Funktionsweise der Allokationsprozesse auf dem Arbeitsmarkt abhängen. Die Beeinflussung dieser Abläufe wäre ein zusätzlicher Weg zur Verbesserung der Lebenslagen abhängig Beschäftigter. Ihn zu beachten empfiehlt sich schon deshalb, weil die übrigen Wege der Einkommens- und Arbeitspolitik nicht immer gangbar sind (z. B. die Reglementierung der Arbeitsbedingungen) oder umstritten ist, ob sie zum Ziel führen (z. B. gewerkschaftliche Lohnpressionen).

3. „Minimierung von Arbeitsleid" als sozialpolitische Aufgabe allokativer Arbeitsmarktpolitik

Wird die allokative Arbeitsmarktpolitik lediglich für sozialpolitische Ziele in Anspruch genommen, so könnte man ihr die zweifache Aufgabe stellen:

1. auf höhere Lohnelastizitäten des Arbeitsangebots auf den verschiedenen Teilmärkten hinzuwirken,
2. die Verteilung der Arbeitskräfte so zu beeinflussen, daß alle an Arbeitsplätze gelangen, die ihnen größtmögliche Arbeitszufriedenheit verschaffen.

Wollte man die Praxis aber strikt darauf einstellen, beide Aufgaben zugleich zu erfüllen, so geriete man in einen Zielkonflikt: Zur Erfüllung der ersten Aufgabe müßten die Arbeiter dazu veranlaßt werden, sich bei der Wahl ihrer Arbeitsstätte vornehmlich von Lohnunterschieden leiten zu lassen, was vermutlich zu Lasten ihrer Arbeitszufriedenheit ginge. Um die zweite Aufgabe zu lösen, müßte man darauf hinwirken, daß die Arbeiter primär auf die Qualität der Arbeitsbedingungen achten, was monopsonistische Lohnpraktiken begünstigte. Beides gleichzeitig zu tun, ist offensichtlich nicht möglich; nur eines zu tun, widerspräche der sozialpolitischen Zielsetzung.

Es muß also ein Kompromiß zwischen den beiden Aktionsrichtungen gesucht werden. Wie er genau auszusehen hätte, kann nur von Fall zu Fall festgelegt werden. Generell läßt sich nur soviel sagen, daß die Lage des „Kompromißpunkts" von der relativen Wichtigkeit abhängt, die die Löhne und die Arbeitsbedingungen jeweils für die Arbeitenden haben. Der Allokationsprozeß wäre demnach auf ein Verteilungsoptimum einzustellen, das sich nicht speziell auf die „Arbeitszufriedenheit" bezieht, sondern auf die „Beschäftigungszufriedenheit", d. h. auf die Zufriedenheit mit Bündeln von monetären und nicht-monetären Beschäftigungsbedingungen.

Überträgt man das Prinzip der „Verbesserung der Lebenslage relativ Schwacher" auf die Verteilung von Arbeitsplätzen innerhalb des Kreises sozial schwacher Beschäftigter, so könnte das jeweilige Allokationsoptimum etwa anhand folgender, sukzessiv anzuwendender Kriterien bestimmt werden:

1. Von zwei Allokationsalternativen gilt diejenige als „sozialpolitisch besser", bei der die Untergrenze des Streuungsbereichs der Zufriedenheitsgrade (d. h. der Zufriedenheitsgrad der am schlechtesten plazierten Arbeiter) höher liegt;

2. von zwei Alternativen mit gleicher „Zufriedenheitsuntergrenze" gilt diejenige als besser, bei der die Zahl der Personen mit dem niedrigsten Zufriedenheitsgrad kleiner ist;

3. von zwei Alternativen mit gleicher Untergrenze und gleicher Zahl der Personen in der niedrigsten Zufriedenheitsstufe gilt diejenige als besser, bei der die Zahl der Personen in der nächsthöheren Zufriedenheitsstufe kleiner ist; falls auch diese Zahl gleich ist: diejenige Alternative, bei der die Zahl der Personen in der folgenden Zufriedenheitsstufe kleiner ist, usf.

Wenn beispielsweise 3 Arbeitsstellen A, B, C und 3 Arbeitskräfte P 1, P 2, P 3 einander zuzuordnen sind, und die Ausstattung der Plätze und die Interessen der Arbeiter so beschaffen sind, daß jeder Arbeiter an jeder der drei Stellen folgende Zufriedenheitsgrade erreichte:

Be-schäftigte	A	B	C
	Arbeitsplätze		
P 1	3	2	4
P 2	3	4	3
P 3	2	2	1

so wären von den 6 denkbaren Allokationsalternativen:

Allokationsalternativen und Zufriedenheitsgrade

(1)		(2)		(3)		(4)		(5)		(6)	
A/P 2	3	B/P 2	4	C/P 2	3	A/P 1	3	C/P 1	4	B/P 2	4
B/P 1	2	A/P 1	3	B/P 1	2	C/P 2	3	A/P 2	3	C/P 1	4
C/P 3	1	C/P 3	1	A/P 3	2	B/P 3	2	B/P 3	2	A/P 3	2

nach dem 1. Kriterium die Alternativen (3) - (6) besser als (1) und (2); von ihnen wären nach dem 2. Kriterium (4) - (6) besser als (3); nach dem 3. Kriterium wären (5) und (6) besser als (4) und (6) besser als (5). Der Verteilungszustand (6) wäre somit die optimale Alternative.

Eine an diesem Allokationskriterium orientierte Arbeitsmarktpolitik wirkte ständig darauf hin, die berufliche Zufriedenheit der jeweils am schlechtesten gestellten Arbeiter zu erhöhen. Sie wäre somit — leitbildhaft ausgedrückt — primär auf „Minimierung von Arbeitsleid" gerichtet.

Dabei käme es, streng genommen, auf eine Lösung an, die den „wohlverstandenen" Interessen entspricht. Inhalt und Rangordnung dieser Interessen sind aber in der Regel schwer feststellbar. Man benötigt dazu detaillierte Auskünfte über die individuelle Lerngeschichte und eine Vielzahl genereller Hypothesen und Hilfsannahmen aus den verschiedensten Disziplinen. In den meisten Fällen muß man auf höchst unsichere Indizien zurückgreifen. Die Ergebnisse entsprechen deshalb kaum jemals den üblichen wissenschaftlichen Ansprüchen. Um zu große Willkür bei der Zuschreibung wohlverstandener Interessen zu vermeiden, wird es sich empfehlen, zuerst darauf zu achten, was die Arbeitnehmer selbst für ihre Interessen halten.

Bei realistischer Einschätzung wäre schon viel erreicht, wenn es gelänge, die individuellen Wahlspielräume insoweit nachhaltig zu erweitern, wie davon keine schwerwiegende und verläßlich voraussehbare Beeinträchtigung offenkundiger wohlverstandener Interessen zu erwarten ist. Wie und wieweit diese pragmatisch verkürzte „Minimalaufgabe" gelöst werden kann, wird im nächsten Abschnitt erörtert.

II. Aktionsmöglichkeiten und -grenzen

Zur Beeinflussung der Marktallokation stehen zahlreiche Mittel zur Verfügung. Vielfach werden sie freilich nicht, nicht primär oder nicht eindeutig für sozialpolitische Zwecke eingesetzt. Wieweit sie im Einzelfall tatsächlich darauf hinwirken, Monopsone abzubauen oder höhere Arbeitszufriedenheit zu vermitteln, ist schwer nachweisbar[22] und bisher kaum empirisch untersucht worden. Bei der Abschätzung ihrer sozialpolitischen Eignung sind wir weithin auf Wirkungsvermutungen angewiesen, die sich bestenfalls auf punktuelle Beobachtungen, oft aber nur auf handlungstheoretische Plausibilitätserwägungen stützen können.

1. Verbesserung der Berufsinformationen

Welche Tätigkeit der Arbeitsanbieter wählt, hängt weitgehend von seiner Einschätzung der eigenen Berufsdisposition und der erreichbaren Berufsalternativen ab. Der individuelle Informationshorizont ist in der Regel eng begrenzt.

Schon die Anzahl der Alternativen ist heute so groß, daß dem Einzelnen nur noch ein verschwindend kleiner Bruchteil bekannt sein kann. Beobachtungen der Berufsberatung deuten darauf hin, daß die Unsicherheit bei der Berufsfindung mit wachsender Zahl der Wahlmöglichkeiten zunimmt: großstädtische Jugendliche, die sich einer verwirrenden Fülle von Möglichkeiten gegenübersehen, haben im Durchschnitt weit unbestimmtere Berufsvorstellungen als Berufsanwärter aus kleineren Orten[23].

In Industriegesellschaften besteht zudem wenig Gelegenheit, vor der Entscheidung Primärerfahrungen über Anforderungen und Befriedigungschancen unterschiedlicher Tätigkeiten zu gewinnen. Wohn- und Arbeitsstätten sind voneinander getrennt, die Betriebe für Außenstehende unzugänglich. In einer von Jaide durchgeführten Untersuchung hatten nur 6 % der Volksschulabsolventen fundierte Kenntnisse über ihren „Wunschberuf"; weitere 25 % hatten vage Vorstellungen aufgrund gelegentlichen Zusehens oder Mitmachens[24].

Besonders groß ist verständlicherweise die Unkenntnis über die Arbeitsbedingungen in den einzelnen Betrieben. Viele Stellensuchende können sich nur an äußerlich sichtbaren Betriebsmerkmalen orientieren, etwa an der Größe der Betriebe, ihrem Prestige in der Öffentlichkeit,

---

[22] Ungeklärt ist nicht nur die Ermittlung von Monopson- und Zufriedenheitsgraden, sondern schon die Vorfrage: was überhaupt als „Wirkung einer Maßnahme" gelten soll. Streng genommen müßte man wohl den „Zustand nach Einsatz einer Maßnahme" mit dem Zustand vergleichen, der „ohne Einsatz der Maßnahme" eingetreten wäre. Zur gedanklichen Konstruktion dieses fiktiven Zustands fehlt es aber in der Regel an quantitativem nomologischen Wissen.

[23] *Theodor Scharmann*, Jugend in Arbeit und Beruf, 2. Aufl., München 1966, S. 99.

[24] *Walter Jaide*, Die Berufswahl. Eine Untersuchung über die Voraussetzungen und Motive der Berufswahl bei Jugendlichen von heute, 2. Aufl., München 1966, S. 36 - 37.

der durchschnittlichen Beständigkeit der Arbeitsverhältnisse, dem Paket an betrieblichen Sozialleistungen. Reynolds stellte fest, daß 3/4 der Arbeiter nicht wußten, wohin sie sich bei einer Entlassung wenden könnten. Das restliche Viertel nannte Betriebe, die wegen ihrer Größe bekannt waren, in denen man früher einmal gearbeitet hatte oder die in der Nähe der eigenen Wohnung lagen. Die dort herrschenden Löhne und Arbeitsbedingungen waren so gut wie unbekannt[25]. Ähnliches fanden Lutz und Weltz für den deutschen Arbeitsmarkt: nur jeder Achte hat gewisse Kenntnisse über die Beschäftigungsbedingungen auf dem Regionalmarkt, Betriebswechsler wählen häufig fast blind, neu Eintretende können ihren Entschluß kaum begründen[26].

Als Hauptmittel zur Verbesserung des Informationsstandes gilt die institutionalisierte Beratung. Ihre Gegenstände sind einerseits Berufsfelder, andererseits konkret faßbare Arbeitsgelegenheiten. Um das erste Problem, die „Grobeinstellung", bemüht sich die Berufsberatung; das zweite, die „Feineinstellung", ist die Aufgabe der beratenden Arbeitsvermittlung.

In allokationspolitischer Hinsicht ist die zweite Blickrichtung vielleicht die bedeutsamere. Die Berufsverbundenheit ist noch immer wesentlich stärker als die Bindung an einen bestimmten Betrieb[27]. Wenn die Beschäftigten im Laufe ihres Arbeitslebens kaum den Beruf, aber doch hin und wieder die Arbeitsstätte wechseln, hat die Berufsberatung nur ein- oder zweimal, die Arbeitsvermittlung hingegen mehrmals eine Einwirkungschance. Hinzu kommt, daß die Beschäftigungsbedingungen innerhalb des gleichen Berufsfeldes von Betrieb zu Betrieb sehr verschieden sind. Für den Arbeitnehmer wird deshalb die „Betriebswahl" oft wichtiger sein als die Berufswahl[28]. Der Ausbau der Beratungsdienste wird diesen Unterschieden im Wirkungspotential von Berufsberatung und Arbeitsvermittlung nicht immer gerecht. Die Arbeitsvermittlung fungierte jahrzehntelang nur als Stellennachweis. In Deutschland hat erst das AFG ihre Beratungsaufgabe stärker in den Vordergrund gerückt.

Wieweit sich die Arbeitsplatzverteilung durch Beratung der Arbeitnehmer verbessern läßt, hängt zu einem Teil von der Inanspruchnahme der Beratungsdienste ab. Der größte Teil der Erwerbstätigen nutzt die

---

[25] *Lloyd G. Reynolds*, The Structure of Labor Markets, New York 1951, S. 84.
[26] *Burkart Lutz* und *Friedrich Weltz*, Der zwischenbetriebliche Arbeitsplatzwechsel, Frankfurt 1966, S. 123 - 124.
[27] Vgl. *Lothar Schuster*, Zur Struktur der männlichen Arbeiterschaft in der Bundesrepublik Deutschland, MittAB, 7. Jg. (1974), S. 110 und 113.
[28] Diese Tendenz ist besonders bei Jugendlichen sichtbar. „Man fragt nicht mehr: ‚Was für Arbeit hast Du?', sondern: ‚Wo hast Du Arbeit?'" (*Ernst Bornemann*, Jugend und Arbeitswelt, in: Valentin Siebrecht (Hrsg.), Handbuch der Arbeitsvermittlung und Berufsberatung, Teil 2, Stuttgart 1959, S. 26).

gebotenen Informationschancen nicht aus. Die meisten gehen wohl einmal zur Berufsberatung; beim Berufs- oder Betriebswechsel verläßt man sich aber überwiegend auf Hinweise von Bekannten oder das „Hörensagen" oder man vertraut einfach dem Zufall. Die Arbeitsämter sind nur zu rund einem Drittel an den Arbeitsplatz- und Ausbildungsplatzbesetzungen beteiligt[29]. Wer einen einigermaßen passenden Arbeitsplatz hat, verzichtet im allgemeinen darauf, sich nach einem besseren umzuschauen. Vielleicht ist das geringe Interesse zum Teil auf den „Behördencharakter" der Auskunftsstellen zurückzuführen. Es mag ferner mitspielen, daß die Arbeitsämter neben ihrer Beratungsfunktion die ganz anders geartete Aufgabe eines Exekutiv- und Kontrollorgans der Arbeitslosenversicherung wahrzunehmen haben. Die Verknüpfung dieser wesensverschiedenen Aufträge erhöht zwar die Wirtschaftlichkeit der Arbeitslosenversicherung, erschwert aber die Erfüllung der Beratungsaufgabe. Bei verbreiteter oder stoßweise einsetzender Arbeitslosigkeit gewinnt die Unterstützungsfunktion leicht das Übergewicht. In der Öffentlichkeit wird dadurch der Eindruck verstärkt, das Arbeitsamt sei vorwiegend eine „Fürsorgeeinrichtung", was sowohl qualifizierte Arbeitnehmer als auch die Arbeitgeber abschreckt[30]. In Amerika wird seit längerem eine Trennung der beiden Aufgaben erwogen. Bedenkenswert wäre ferner, die Betreuung gewisser „Problemgruppen" (z. B. Behinderter, Strafentlassener) organisatorisch auszugliedern. Die Beratungsdienste würden damit vermutlich für „normale" Marktteilnehmer attraktiver; zugleich könnten sie sich stärker auf die „schwierigen Fälle" spezialisieren[31].

Was mit den Beratungen erreicht wird, ist noch wenig geklärt[32]. Strittig ist schon, ob sie überhaupt Einfluß auf die Berufsentscheidungen haben. Die zunächst plausible These von Stets: „Wenn Onkel, Tanten und gute Freunde Berufswünsche beeinflussen, kann das auch die Berufsbe-

---

[29] Bundesanstalt für Arbeit, Überlegungen zu einer vorausschauenden Arbeitsmarktpolitik, Nürnberg 1974, S. 18. In anderen Ländern ist der „Einschaltungsgrad" der Beratungsdienste anscheinend noch niedriger. Vgl. *Irvin Sobel* and *Richard C. Wilcock*, Placement Techniques for Older Workers, OECD, Paris 1966, S. 33.

[30] *William Haber* and *Daniel Kruger*, The Role of the United States Employment Service in a Changing Economy, Kalamazoo/Mich. 1964, S. 71; *Paul Jirak*, Arbeitsmarkt und Arbeitsplatzbesetzung — Tendenzen und Probleme, in: Arbeitsmarktpolitik, Veröffentlichungen des Österreichischen Inst. f. Arb.-marktpolitik, Heft 1, Linz 1969, S. 62.

[31] Nicht unproblematisch ist auch die den deutschen Arbeitsämtern eingeräumte Monopolstellung. Vgl. *Gisela Rauschhofer*, Das Arbeitsvermittlungsmonopol, Berlin 1974.

[32] Einen guten Überblick für den Bereich der Berufsberatung gibt *Bernd Gerke*, Die Erfolgsermittlung in der Berufsberatung, unveröffentlichte Diplomarbeit, angefertigt am Seminar für Sozialökonomie der Universität Erlangen-Nürnberg 1969.

ratung"[33], trifft auf die Gegenthese, daß die Berufsberatung eher dahin wirkt, vorfixierte Berufswünsche zu verfestigen als sie zu verändern[34]. Für die zweite Auffassung könnte die Beobachtung sprechen, daß nur 20 % der Beratenen später glauben, von der Berufsberatung beeinflußt worden zu sein, und nur 5 %, sich aufgrund der Beratung für ihren Beruf entschieden zu haben[35]. Allerdings wird die Beweiskraft erfragter Rekonstruktionen komplexer und lange zurückliegender Entscheidungsprozesse mit guten Gründen bezweifelt.

Als fruchtbarer erscheinen speziellere Fragestellungen:

1. Verbessert die Beratung den Informationsstand? Eine wichtige Vorbedingung dafür ist das Vorhandensein eines Informationsbedürfnisses. Anscheinend gelingt es der Berufsberatung zum Teil, dieses Bedürfnis zu erzeugen[36]. Wieweit dann tatsächlich neue Informationen vermittelt werden können, hängt offenbar vom Beratungstyp ab. Was die Einschätzung der Berufswirklichkeit betrifft, deuten Befunde darauf hin, daß durch die Berufsberatung eine gewisse Verbreiterung von Kenntnissen über Berufsmöglichkeiten erreicht wird[37]. Klienten der Arbeitsvermittlung waren allerdings zum Teil schlechter über betriebliche Verhältnisse informiert als andere Bewerber[38]. Versuche, auch den Beratungseinfluß auf die Einschätzung der eigenen Berufsdisposition zu ermitteln, erbrachten einander widerstreitende Ergebnisse[39].

2. Führt verbesserte Information zu Änderungen der beruflichen Präferenzordnung? Offenbar verhilft die Berufsaufklärung und -beratung den Ratsuchenden zu größerer Bestimmtheit ihrer Berufswunschvorstellungen[40]. Bei 20 - 30 % der Beratenen ließ sich eine Änderung realitätsferner Berufswünsche feststellen[41].

3. Wenn die Beratung insoweit Erfolg hatte, führt sie dann auch zu den entsprechenden Wahlhandlungen? Auch dazu sind die Antworten mehrdeutig und — was für alle hier referierten Befunde gilt — nicht

---

[33] *Walter Stets*, Die Bedeutung der Berufsberatung für die Berufsausbildung und für die Produktivität der Wirtschaft, in: Bundesarbeitsblatt, Jg. 1955, S. 742 - 743.

[34] *Gerke*, a.a.O., S. 87 - 88.

[35] *Ulrich Lohmar*, Wirksamkeit und Ansehen der Berufsberatung und Arbeitsvermittlung im Urteil Jugendlicher, in: Helmut Schelsky (Hrsg.), Arbeitslosigkeit und Berufsnot der Jugend, 1. Band, Köln 1952, S. 381. — Ähnlich: *Viggo Graf Blücher*, Die Generation der Unbefangenen, Düsseldorf - Köln 1966, S. 51.

[36] *Gerke*, a.a.O., S. 79.

[37] *Gerke*, a.a.O., S. 92 - 94.

[38] *Lutz* und *Weltz*, a.a.O., S. 125.

[39] *Gerke*, a.a.O., S. 97.

[40] *Gerke*, a.a.O., S. 100.

[41] *Gerke*, a.a.O., S. 103.

exakt miteinander vergleichbar. Auf die Frage, ob der angeratene Beruf tatsächlich ergriffen und für längere Zeit beibehalten wurde, ergab sich in einer Untersuchung eine „Abweicherquote" von 56 %[42], in einer anderen von nur 27 %[43].

4. Entsprechen die durch Beratung induzierten Berufsentscheidungen sozialpolitischen Allokationszielen? Was die Beratungsdienste in sozialpolitischer Hinsicht leisten können, hängt zum einen von ihrer personellen und sachlichen Ausstattung ab, zum anderen aber auch von Inhalt und Klarheit des Auftrages.

Englische Untersuchungen zeigten, daß eine wissenschaftlich optimal ausgestaltete Intensivberatung wesentlich mehr zur Ausbreitung von Berufszufriedenheit beiträgt als das übliche Beratungsgespräch. Von den „intensiv Beratenen" folgten 92 % dem erteilten Rat; davon erklärten sich 93 % nach vier Jahren für zufrieden. Bei den „einfach Beratenen" waren es nur 47 bzw. 64 %[44].

Wenn die Zielvorgabe mehrdeutig ist oder ihre Beachtung nicht kontrolliert wird, ist kaum zu erwarten, daß die sozialpolitische Beratungsaufgabe bestmöglich erfüllt wird. Die Richtung des Beratungseffekts hängt dann weitgehend vom einzelnen Berater ab. Anscheinend neigen in den Vereinigten Staaten viele Beratungsstellen des Federal Employment Service — je nach dem lokalen politischen Klima — zu einseitiger Berücksichtigung von Bewerber- oder Arbeitgeberinteressen[45]. In Deutschland sind die Arbeitsbehörden nach dem AFG zu einer zugleich bewerber- und produktionsorientierten Beratung angehalten: die Informationsdienste sollen einerseits den individuellen Interessen der Ratsuchenden dienen[46], andererseits gilt auch für sie die generelle Verpflichtung des § 1 AFG, auf eine wachstumsfördernde Beschäftigungsstruktur hinzuwirken[47].

---

[42] *Werner Mann*, Beitrag zur Analyse der Berufswahl der Schulmündigen, Psychol. Rundschau, Bd. II (1951), S. 34.
[43] *Renate Haack*, Berufswunsch und Berufswahl in familiensoziologischer Sicht. Kölner Dissertation, 1958, S. 355.
[44] Mitgeteilt in: *Philippe Muller*, Berufswahl in der rationalisierten Arbeitswelt, Reinbek 1961, S. 97.
[45] *Richard C. Wilcock* and *Irvin Sobel*, Job Placement Services for Older Workers in the United States, in: Int. Lab. Rev., Vol. 88 (1963), S. 149.
[46] § 15 AFG: „Die Arbeitsberatung ist auf die Anliegen der Ratsuchenden ... abzustellen."
§ 27 AFG: „Bei der Berufsberatung sind die körperlichen, geistigen und charakterlichen Eigenschaften, die Neigung und die persönlichen Verhältnisse des Ratsuchenden zu berücksichtigen."
[47] s. Anm. 3. Nach § 14 AFG hat die Bundesanstalt für Arbeit u. a. dahin zu wirken, daß „Arbeitgeber die erforderlichen Arbeitskräfte erhalten. Dabei hat sie die besonderen Verhältnisse der freien Arbeitsplätze, die Eignung der

Dieser Zieldualismus kann zu Konflikten führen. Wenn beispielsweise ein Ratsuchender seinen derzeitigen Beruf wechseln möchte, könnte ihm ein Beruf angeraten werden, in dem er die in ihn investierte Ausbildung weiterhin produktiv verwenden kann[48]; ihm kann aber auch zu einer Tätigkeit geraten werden, die ihm — obwohl er neu anfangen müßte — mehr Arbeitszufriedenheit verspricht. Wieweit Inkompatibilitäten zwischen den beiden Zielen im Einzelfall bemerkt werden und welches von ihnen dann begünstigt wird, ist noch nicht näher untersucht worden.

Die hier sehr verkürzt wiedergegebenen Befunde beleuchten vor allem die Erfolgsgrenzen, mit denen eine beratende Allokationspolitik rechnen muß. Sie dürften aber auch zeigen, daß bessere finanzielle und personelle Ausstattung der Beratungsdienste und stärkere Akzentuierung der sozialpolitischen Aufgaben die Wirksamkeit steigern könnten. Was auf diesem Wege erreicht werden kann, wird nicht zuletzt davon abhängen, ob die Beratungsstellen nur reaktiv auf an sie herangetragene Fragen antworten oder ob sie im Sinne einer „aktiven Arbeitsmarktpolitik" auch solche Arbeitnehmer ansprechen, die sich nicht von sich aus um günstigere Arbeitsgelegenheiten bemühen.

2. Administrative Beschäftigungssperren

Auch die bestmögliche Beratung vermag die Arbeitsanbieter nicht immer davon abzuhalten, für sie ungeeignete Arbeitsstellen anzunehmen. Um solchen Fehlallokationen vorzubeugen, kann der Staat selektive Arbeits- oder Beschäftigungsverbote verhängen.

Wenn es auf größere berufliche Zufriedenheit ankommt, mag eine administrative Berufslenkung entgegen den individuellen Präferenzen prima facie als widersinnig erscheinen. Denn sie versperrt vielen Arbeitnehmern den Zugang zu ihnen genehmen Arbeitsmöglichkeiten und zwingt sie, auf Tätigkeiten auszuweichen, die sie aus eigenem Antrieb nicht gewählt hätten. Häufig sind die Betroffenen (z. B. Jugendliche) nach einigen Jahren genötigt, in Berufe hinüberzuwechseln, in denen sie die schon erworbenen Kenntnisse und Fertigkeiten nicht mehr verwerten können. Die Begründung für solche Eingriffe ergibt sich in der Regel

---

Arbeitsuchenden und deren persönliche Verhältnisse zu berücksichtigen". Nach den noch geltenden „Richtlinien für die Berufsberatung" des Vorstands der Bundesanstalt vom 14. 3. 1968 muß „die Hilfe der Berufsberatung ... einerseits den Voraussetzungen und Ansprüchen des Menschen in seiner persönlichen Existenz, andererseits den wirtschaftlichen Belangen der Gesellschaft Rechnung tragen. Mit der Unterstützung der beruflichen Sicherung und Entfaltung soll sie zugleich auf Erhaltung und Steigerung der Leistungskraft in den Betrieben und Berufen abzielen" (Abschn. A, I, 3.).

[48] Dies empfiehlt z. B. *Josef Stingl*, Berufliche Mobilität, in: W. Braun, H. Kossbiel und G. Reber (Hrsg.), Grundfragen der betrieblichen Personalpolitik. Festschrift zum 65. Geburtstag von August Marx, Wiesbaden 1972, S. 331.

aus dem Primat der „wohlverstandenen Interessen". Soweit mit hoher Wahrscheinlichkeit anzunehmen ist, daß gewisse Arten und Grade der Arbeitsbelastung bei bestimmten Personen zu irreparablen physischen oder psychischen Schädigungen führen, kann es durchaus zielkonform sein, die individuelle Wahlfreiheit zu beschränken.

Selektive Beschäftigungsverbote gehören in industrialisierten Ländern zum „eisernen Bestand" der allokativen Arbeitsmarktpolitik. Sie beziehen sich vor allem auf jugendliche und weibliche Arbeitnehmer.

Als eines der frühesten Beispiele sei das bekannte preußische „Regulativ über die Beschäftigung jugendlicher Arbeiter" von 1839 erwähnt, welches u. a. die Beschäftigung von Kindern unter 9 Jahren in Fabriken und Bergwerken untersagte. Dieser Ansatz wurde später zu einem generellen Verbot der Kinderarbeit — und damit zu einem Instrument „quantitativer" Arbeitsmarktpolitik — ausgebaut. Die gegenwärtige Sozialpolitik hat die Idee des Jugendschutzes mit Hilfe partieller Beschäftigungssperren wieder aufgegriffen. Das Jugendarbeitsschutzgesetz von 1960 verbietet z. B. die Beschäftigung von Jugendlichen unter 18 Jahren mit Fließband- und Akkordarbeiten; die in Vorbereitung befindliche Novelle wird alle Arbeiten mit Lohnanreiz oder Tempoabhängigkeit in das Verbot einbeziehen. Daneben schreiben die Unfallverhütungsvorschriften der Berufsgenossenschaften für viele Tätigkeiten ein Mindestalter von 16 - 18 Jahren vor, z. B. für Verrichtungen an Arbeitsmaschinen, Transmissionen, Elektrokarren, Fräsen und dergleichen.

Weitere Schutzbestimmungen beschränken die Tätigkeitswahl der weiblichen Arbeitnehmer. Die Arbeitszeitordnung von 1938 verbietet es, Frauen bei Bauarbeiten und Produktionsarbeiten in Stahl- und Walzwerken zu beschäftigen. Zahlreiche Spezialvorschriften verschließen den Frauen bestimmte gesundheitsgefährdende Tätigkeiten in einzelnen Produktionszweigen. Das Mutterschutzgesetz untersagt die Beschäftigung werdender Mütter mit körperlich anstrengenden Arbeiten oder mit Arbeiten, die sich unter schädlicher Einwirkung von Strahlen, Erschütterungen, Staub, Hitze und dergleichen abspielen.

Die langfristige sozialpolitische Zweckmäßigkeit dieser Maßnahmen wird kaum bestritten[49]. Empirisch ist sie freilich schwer nachweisbar. Was die Beschränkungen der Beschäftigung Jugendlicher betrifft, fehlt es an einer passenden Vergleichspopulation. Eine umfassende Erfolgskontrolle müßte nicht nur die Wirkungen auf die beruflichen Entfal-

---
[49] In jüngster Zeit sind Zweifel an der Zweckmäßigkeit des Umfangs der Beschäftigungssperren für Frauen laut geworden: So weist das in Anmerkung 11 erwähnte interministerielle Forschungsprogramm zur Humanisierung des Arbeitslebens darauf hin, daß diese Bestimmungen vielfach aus einer Zeit stammen, in der man generell davon ausging, daß weibliche Arbeitskräfte nicht in gleicher Weise belastet werden dürfen wie männliche (S. 17).

tungsmöglichkeiten im Erwachsenenalter in Rechnung stellen, sondern auch die „Kosten" berücksichtigen, die dem Jugendlichen entstehen, wenn er nach Ablauf der „Schonfrist" in eine der ihm zunächst versperrten Tätigkeiten überwechseln will oder muß[50]. Soweit sich die Schutzvorschriften auf Frauen beziehen, kann man zur Erfolgswürdigung vielleicht Indizien der Arbeitssituation männlicher Beschäftigter heranziehen. So ließ sich beispielsweise nachweisen, daß Frauen im allgemeinen leichtere Tätigkeiten (gemessen am Kalorienverbrauch) ausüben als Männer[51]. Ferner ergibt die Statistik der gewerblichen Berufsgenossenschaften, daß die Arbeit der Frau im Durchschnitt weniger gefährlich ist als die des Mannes: Die Quote der von Arbeitsunfällen und Berufskrankheiten betroffenen Männer ist etwa dreimal so hoch wie die der Frauen[52]. Wieweit solche Ergebnisse speziell den Beschäftigungsverboten zuzuschreiben sind, ist freilich nicht feststellbar.

Wenn es im Hinblick auf das langfristige Niveau der beruflichen Lebenslage als sinnvoll erscheint, Frauen und Jugendlichen gewisse Beschränkungen bei der Wahl ihrer Tätigkeit aufzuerlegen, liegt es nahe, analoge Schutzvorkehrungen auch für erwachsene männliche Arbeitnehmer zu erwägen. Der Spielraum für weitere Beschäftigungsverbote ist sicher gering, weil sich nur selten einigermaßen verläßlich abschätzen läßt, für welche Personen bestimmte Beschäftigungsweisen besonders nachteilig sind. Beim heutigen Forschungsstand wird sich beispielsweise niemand ernsthaft dafür einsetzen wollen, dem „Einzelgänger" den Platz in der Arbeitsgruppe oder dem „Monotonieanfälligen" die Arbeit am Fließband zu versperren. Im Falle von Krankheitsbefunden mag indes die Schädlichkeit gewisser Tätigkeiten mitunter so offenkundig sein, daß selektive Arbeitsverbote oder ein Zwang zum Arbeitsplatzwechsel als gerechtfertigt erscheinen[53]. Wo die Grenzen des administrativen Weges konkret liegen, muß hier dahingestellt bleiben. Schon mit Rücksicht auf den hohen Rang des Interesses an freier Berufs- und Arbeitsplatzwahl wird man auf ihm allenfalls einige tastende Schritte riskieren können.

---

[50] *Heinrich Ebel* (Der Berufswechsel als institutionalisierte Erscheinung, Zentrbl. f. Arb.wiss., 15. Jg. (1961), S. 51 - 52) schätzt, daß sich die Zahl der für Jugendliche in Betracht kommenden Berufe aufgrund der Schutzvorschriften von 8000 auf 1000 reduziert hat.

[51] *Hans Sperling*, Die Ordnung der Berufe nach der Arbeitsschwere als systematische Aufgabe, Schmollers Jahrb., 77. Jg. (1957), 1. Halbbd., S. 50.

[52] *Heinz Neubert*, Die gewerblichen Berufsgenossenschaften im Jahre 1972, Die Berufsgenossenschaft, Jg. 1974, S. 91.

[53] Einen ausbaufähigen Ansatz enthält z. B. die 7. Berufskrankheiten-Verordnung von 1968, die die Träger der Unfallversicherung im Falle der Gefahr des Entstehens, Wiederauflebens oder der Verschlimmerung einer Berufskrankheit verpflichtet, den Betroffenen zur Unterlassung der gefährdenden Tätigkeit aufzufordern (§ 3).

3. Abbau von Mobilitätshindernissen

Die Wahl eines besseren Arbeitsplatzes scheitert vielfach an „Mobilitätshindernissen". Darunter seien hier Widerstände verstanden, die Beschäftigte vom Austausch ihrer Arbeitsplätze abhalten, obwohl jeder von ihnen die Beschäftigungsbedingungen des anderen für besser hält (oder die einen „Ringtausch" verhindern, wenn A die Beschäftigungsbedingungen des C, B die des A und C die des B vorzöge). Es kann sich um Eintritts-, Austritts- oder Wanderungshindernisse handeln.

Ein Austausch von Arbeitsplätzen wird durch *„Eintrittshindernisse"* blockiert, wenn einer der Tauschwilligen von seinem Wunschbetrieb nicht akzeptiert wird. Ob ein Bewerber eingestellt oder abgewiesen wird, hängt in der Regel von seiner mutmaßlichen Eignung ab. Eine sozialpolitisch orientierte Allokationspolitik muß sich darüber klar werden, wieweit sie die von den Arbeitgebern verwendeten Eignungskriterien tolerieren oder ausschalten will. Wo die Grenze zu ziehen ist, hängt u. a. davon ab, welches Gewicht den Erfordernissen ökonomischer Effizienz eingeräumt wird. Hier sollen lediglich solche Einstellungspraktiken ins Auge gefaßt werden, die schon unter Produktivitätsaspekten als fragwürdig erscheinen.

In vielen Betrieben wählt man die Bewerber nicht aufgrund individueller Eignungsprüfungen, sondern anhand vorurteilsartiger Faustregeln aus[54]. Die Einstellungsstandards sind dann oft strenger als es die Art der Arbeitsaufgabe erfordert[55]. Dadurch werden ganze Gruppen vielleicht durchaus geeigneter Tauschwilliger von vornherein ausgeschlossen.

— Fast ein Fünftel aller offenen Stellen ist Arbeitnehmern unter 35 Jahren vorbehalten, für ein weiteres Fünftel liegt das Höchstalter zwischen 35 und 45 Jahren[56].

— Nicht wenige Betriebe verweigern die Einstellung von Mehrfachwechslern[57] oder von Bewerbern, die ihr derzeitiger Arbeitgeber nicht freigeben will, zum Teil auf Drängen von formellen oder informellen Arbeitgebergruppierungen[58].

---

[54] Vgl. z. B. *Dale S. Beach,* Personnel: The Management of People at Work, New York - London 1965, S. 199 - 200; *Doeringer* and *Piore,* a.a.O., S. 103.

[55] *Gloria S. Hamilton* and *J. David Roessner,* How employers screen disadvantaged job applicants, in: Monthly Lab. Rev., Vol. 95 (1972), S. 14 - 21.

[56] O. V., Die Nachfrage nach Arbeitskräften in den Wirtschaftszweigen und in den einzelnen Berufen, ANBA, 20. Jg. (1972), S. 95.
Ähnliche Quoten wurden in den Vereinigten Staaten festgestellt; siehe OECD, Promoting the Placement of Older Workers, Paris 1967, S. 16.

[57] *Burkart Lutz,* Arbeitswirtschaftliche Modelluntersuchung eines Arbeitsmarktes, RKW, Frankfurt 1973, S. 52.

[58] Siehe z. B. für Deutschland: Rundschreiben des Präsidenten der Bundesvereinigung der Deutschen Arbeitgeberverbände vom 23. 6. 1964, in: Der

— Auf Diskriminierungen treffen ferner Behinderte, Strafentlassene, sogar Personen mit Übergewicht[59].

— Auch die Ausbildungsanforderungen stehen mitunter in schwacher Beziehung zur Arbeitsaufgabe[60]. Man verlangt z. B. ein Zertifikat aus Gründen der „Imagepflege", um gegenüber höheren Instanzen gedeckt zu sein, weil man selbst die betreffende Ausbildung absolviert hat oder einfach deshalb, weil das Angebot an Inhabern höherrangiger Ausbildungsnachweise zunimmt[61]. Manches deutet darauf hin, daß der Anteil der funktional fragwürdigen Zertifikatsanforderungen steigt[62]. Ein Indiz aus dem nicht-akademischen Bereich ist vielleicht die aktuelle Tendenz, bei der Einstellung von Lehrlingen statt des Volksschulabschlusses die mittlere Reife und für gehobenere Positionen statt des Realschulabschlusses das Abitur zu verlangen.

Nicht unproblematisch ist ferner die Strategie der „internen Rekrutierung", mit der sich die Betriebe tendenziell gegen tauschwillige Marktanbieter abschließen. Im Extremfall werden Eingangsstellen nur mit selbst ausgebildeten Lehr- und Anlernlingen und Aufstiegsstellen nur mit langjährig Betriebsangehörigen besetzt. In den Vereinigten Staaten ist dadurch die Zahl der von außen besetzten „hiring jobs" in vielen Wirtschaftszweigen bereits auf einen Bruchteil der vorkommenden Tätigkeitsarten zusammengeschmolzen[63]. In ähnlicher Weise, wenngleich weniger intensiv, wirkt das Prinzip der innerbetrieblichen Stellenausschreibung. Es begünstigt zwar gewisse allokative Verbesserungen innerhalb des Betriebes, führt aber oft zur Diskriminierung Betriebsfremder.

Restriktive Einstellungspraktiken sind für den Betrieb oft ein bequemer Ausweg aus der Schwierigkeit, sich der Eignung potentieller Mitarbeiter zu vergewissern. Als Gegenmittel könnte eine institutionalisierte „Einstellungsberatung" erwogen werden, die den Arbeitgebern das Einstellungsrisiko teilweise abnähme. Ein ausbaufähiger Ansatz ist z. B. die

---

Arbeitgeber, 17. Jg. (1965), S. 460 - 461; für die Vereinigten Staaten: *Lloyd G. Reynolds*, Labor Economics and Labor Relations, 4. Aufl., Englewood Cliffs 1964, S. 377; für die Schweiz: o. V., Aus Sinn wird Unsinn, Der Arbeitgeber, 16. Jg. (1964), S. 480.

[59] *Hamilton* and *Roessner*, a.a.O., S. 16.

[60] *Ivar Berg*, Education and Jobs: The Great Training Robbery, New York - Washington - London, 2nd print 1972, S. 72 - 84.

[61] *Doeringer* and *Piore*, a.a.O., S. 194; *Albert Rees* and *George P. Shultz*, Workers and Wages in an Urban Labor Market, Chicago 1970, S. 51.

[62] *Sar A. Levitan*, *Garth L. Mangum*, *Ray Marshall*, Human Ressources and Labor Markets, New York 1972, S. 244.

[63] *E. Robert Livernash*, The Internal Wage Structure, in: George W. Tayler and Frank C. Pierson, New Concepts in Wage Determination, New York - Toronto - London 1957, S. 144; für Deutschland s. *Lutz*, a.a.O., S. 59.

im AFG vorgesehene „Arbeitsberatung", der u. a. die Aufgabe zukommt, Arbeitgeber auf Wunsch bei der Besetzung von Arbeitsplätzen zu beraten (§ 15 AFG). Es wäre aber sicher eine Illusion, auf diesem Wege wesentliche Erfolge zu erwarten. Der Berater müßte im Stande sein, den Arbeitgeber von der Unzweckmäßigkeit seiner Selektionsprinzipien zu überzeugen oder ihm nachzuweisen, daß seine Grundsätze in konkreten Einzelfällen zu falschen Ergebnissen führten. In beiden Fällen sind die Schwierigkeiten wahrscheinlich viel größer als bei der Arbeitnehmerberatung. Um einen im Wirtschaftsleben erfahrenen Arbeitgeber zur Aufgabe festetablierter Standards zu bewegen, bedürfte es langer Erziehung, die eine „ad-hoc-Beratung" nicht leisten kann. Vermutlich wird sich der Arbeitgeber nur dann überzeugen lassen, wenn ihm der Berater Alternativen anbieten kann, die bei annähernd gleichem Aufwand eine bessere Personalauswahl gewährleisten. Der Hinweis auf die „Falschheit im Einzelfall" liefe auf den Nachweis hinaus, daß der diskriminierte Bewerber für die vorliegende Arbeitsaufgabe qualifizierter ist als diejenigen, die den Eignungsmaßstäben des Arbeitgebers voll entsprechen. Demgegenüber genügt es bei der Arbeitnehmerberatung in der Regel, den Ratsuchenden auf ihm bislang unbekannte Verbesserungsmöglichkeiten hinzuweisen.

Soweit sich betriebliche Zugangssperren nicht mit „pädagogischen" Mitteln lockern lassen, liegt der Versuch nahe, sie zu verbieten. So ist es z. B. den amerikanischen Arbeitgebern gesetzlich untersagt, betriebliche Einstellungsaltersgrenzen festzusetzen. Solche Diskriminierungsverbote werden aber häufig umgangen: die Betriebe ersetzen das Alterskriterium durch physische oder Ausbildungsanforderungen, die von älteren Bewerbern nicht mehr erfüllt werden können[64]. Ähnliches dürfte für anderweitige Abschließungsverbote gelten. Da es kaum möglich ist, allgemeinverbindliche Eignungskriterien vorzuschreiben, können sich die Betriebe bei der Abweisung Unerwünschter wohl stets auf Eignungsmängel berufen. Deshalb dürfte es auch nicht viel nützen, etwa die „interne Rekrutierung" auf Fälle „gleicher Eignung" zu beschränken.

Ein wirksameres Mittel gegen restriktive Praktiken ist vielleicht die Verpflichtung zur öffentlichen Stellenausschreibung. Im Universitätsbereich hat sie vielen Tauschwilligen neuartige Wahlmöglichkeiten eröffnet. Im privaten Sektor scheint der Gesetzgeber allerdings eher den umgekehrten Weg einzuschlagen: nach § 93 des novellierten Betriebsverfassungsgesetzes sind Vakanzen auf Verlangen des Betriebsrats betriebsintern auszuschreiben[65]; eine Verpflichtung auch zu externer Bekanntgabe ist hingegen nicht vorgesehen[66].

---

[64] *Wilcock* and *Sobel*, a.a.O., S. 148.
[65] Ein von der IG Chemie - Papier - Keramik herausgegebenes Muster für Betriebsvereinbarungen nach § 95 BetrVG empfiehlt sogar, einem Bewerber

Die stärkste Waffe gegen Eintrittsbarrieren ist die Beschäftigungsauflage, die die Arbeitgeber verpflichtet, einen Teil ihrer Arbeitsplätze gerade denjenigen anzubieten, deren Einstellungschancen besonders gering sind. Bisher wird sie nur bei der Eingliederung Behinderter verwendet. Die Erfahrungen sind anscheinend überwiegend positiv. In der Bundesrepublik ist es auf diese Weise gelungen, fast allen Behinderten eine Arbeitsgelegenheit zu sichern und ihnen Wahl- und Wechselmöglichkeiten zu verschaffen; denn in der Regel war die Zahl der für sie reservierten Plätze weit höher als der Bedarf. Mit Hilfe von Beschäftigungsauflagen könnten auch andere „Problemgruppen" beruflich gefördert werden. Zur Zeit wird beispielsweise erwogen, auf diesem Wege der Altersdiskriminierung entgegenzuwirken. Wieweit umfassendere Beschäftigungsauflagen allokationspolitisch zweckmäßig sind, bedürfte noch näherer Klärung. Hier sei lediglich angemerkt, daß jede Erweiterung des Kreises der Begünstigten zugleich die Marktchancen der „Normalanbieter" verringert.

Einstellungswiderstände gegenüber bestimmten Anbietergruppen könnten ferner durch gezielte Subventionen abgeschwächt werden. Die Wirksamkeit hinge von der Höhe und Dauerhaftigkeit der Zuschüsse ab. In der Regel wird dieses Mittel aber als zu kostspielig erscheinen, weil es auf längere Sicht kaum möglich wäre, diejenigen Arbeitgeber auszuschließen, die schon aus eigenem Antrieb schwer plazierbare Arbeitskräfte beschäftigen.

„Austrittshindernisse" entstehen hauptsächlich durch Abstufung der Beschäftigungsbedingungen nach der Dauer der Betriebszugehörigkeit. Im Hinblick auf die ökonomische Effizienz der Arbeitskräftezuordnung mag diese Differenzierung mitunter zweckmäßig sein. Soweit die Annahme zutrifft, daß die Produktivität eines Arbeiters im allgemeinen um so größer ist, je länger er die gleiche Tätigkeit ausübt[67], lassen sich manche produktivitätsmindernden Wechselvorgänge auf diese Weise verhindern. Zugleich werden aber den Dienstälteren Verbesserungsmöglichkeiten versperrt, wenn sie beim Hinüberwechseln in eine besser ausgestattete Stelle mit Verlusten rechnen müssen. Da die Tauschwilligen beim „Plätzetausch" ihre Dienstaltersvergünstigungen verlören, wäre ein Wechsel für sie nur noch dann vorteilhaft, wenn sie die „Anfangsausstattung" der in Aussicht genommenen Stelle höher bewerten als die derzeitige

---

des eigenen Betriebs „bei sonst gleichen Voraussetzungen" den Vorzug zu geben.

[66] § 9 AFG sieht die Anmeldung offener Stellen beim Arbeitsamt vor, doch ist diese Bestimmung mangels entsprechender Rechtsverordnungen bisher nicht wirksam geworden.

[67] *Levitan* et al., a.a.O., S. 230.

Ausstattung ihrer eigenen Arbeitsstelle. Bei gegebenen Ausstattungsunterschieden zwischen den einzelnen Plätzen ist der Mobilitätswiderstand um so größer, je höher die Dienstaltersvorteile sind.

Dienstaltersvergünstigungen ergeben sich nicht selten bei der Lohnstaffelung, der Urlaubsdauer, den Weihnachtsgratifikationen und Urlaubsgeldern, der Zuteilung mietgünstiger Werkswohnungen. Das gewichtigste Austrittshindernis bilden vielfach die betrieblichen Pensionsregelungen. Die mit zunehmender Dauer der Betriebszugehörigkeit akkumulierten Ruhegeldansprüche stellen oft einen erheblichen Vermögenswert dar, der beim Austritt in der Regel verlorengeht. Tauschwillige Arbeitnehmer mit hohem Dienstalter haben dann kaum noch eine Chance, auf dem Arbeitsmarkt Beschäftigungsalternativen mit höheren Nettovorteilen zu finden. Eine Studie des amerikanischen Bureau of Employment Security hat deutlich gezeigt, daß die Quote der freiwilligen Austritte in Betrieben mit Pensionszusagen für alle Altersklassen niedriger ist als in Betrieben, die keine Betriebsrenten gewähren; besonders große Differenzen ergaben sich bei Arbeitnehmern über 45 Jahren[68]. Den allokationspolitisch zweckmäßigsten Schutz gegen Anwartschaftsverluste bietet wohl eine „Unverfallbarkeitsauflage", welche die vor dem Arbeitsplatzwechsel erworbenen Ansprüche bis zum Ruhestandsalter „festschreibt"[69]. Ein statt dessen gewährter Anspruch auf Barablösung könnte dazu verleiten, nicht zur Erlangung besserer Beschäftigungsbedingungen, sondern nur wegen der Geldsumme zu wechseln. Als radikale Alternative käme ferner eine Aufstockung der staatlichen Alterssicherung in Betracht, die den betrieblichen Versorgungseinrichtungen ihre Attraktivität nähme.

Ein Plätzetausch scheitert an *„Wanderungshindernissen"*, wenn einem Tauschwilligen die außerberuflichen Kosten des Positionswechsels als zu hoch erscheinen. Die Kosten können monetärer oder psychischer Art sein. Sie entstehen hauptsächlich bei interlokaler Mobilität.

Die Geldkosten des eigentlichen Wanderungsvorgangs (Reise- und Umzugskosten) haben mit zunehmender Industrie- und Verkehrsdichte und wachsendem Massenwohlstand an Gewicht verloren. Die Arbeitsmarktpolitik sucht sie durch Zuschüsse zu neutralisieren, soweit sie vom Tauschwilligen nicht selbst aufgebracht werden können (§ 53 AFG). Ein nach wie vor ernsthaftes Wanderungshindernis sind die Ausgaben und

---

[68] *Hugh Folk*, Private Pensions and Labor Mobility, in: Old Age Income Assurance. A Compendium of Papers on Problems and Policy Issues in the Public and Private Pension System. Submitted to the Subcommittee on Fiscal Policy of the Joint Economic Committee, Congress of the United States. Part IV: Employment Aspects of Pension Plans, Washington 1967, S. 148 - 149.

[69] Vgl. das kürzlich verabschiedete Gesetz zur Verbesserung der betrieblichen Altersversorgung.

Mühen zur Beschaffung einer gleichwertigen Wohnung. Die für Arbeiter in Betracht kommenden Mietwohnungstypen sind Ortsfremden oft schwer zugänglich[70]: die vielfach dem Mietstop unterliegenden Altbauwohnungen werden beim Freiwerden unter der Hand an Verwandte und Bekannte weitergereicht; subventionierte Sozialwohnungen sind zum Teil erst nach längerer Wartezeit erhältlich; häufig müssen Baukostenzuschüsse, Mieterdarlehen oder Kautionen erbracht werden. Ähnliche Kosten und Mühen entstehen auch dem Besitzer eines Eigenheims. Erwähnt seien vor allem die Ausgaben für Makler, Notar und Grunderwerbsteuer; allein durch sie gehen oft 11 - 12 %/o des Hauswertes verloren. Die vielfältigen Möglichkeiten wohnungspolitischer Mobilitätsförderung können an dieser Stelle nicht erörtert werden.

Das wohl bedeutendste Wanderungshindernis bilden die Bindungen an die gewohnte Umgebung: an Landschaft, Heimatstadt, Nachbarschaft, Familien- und Freundeskreis. Wie empirische Untersuchungen wiederholt gezeigt haben, werden sie selbst von Arbeitslosen so hoch bewertet, daß nur wenige von ihnen bereit sind, eine Arbeit außerhalb des eigenen Wohngebiets anzunehmen[71]. Diese Widerstände durch Mobilitätspolitik abzubauen, dürfte in der Regel kaum möglich und — wenn es auf Verbesserung der Gesamtlebenslage ankommt — auch nicht zweckmäßig sein.

4. Schutz vor erzwungener Mobilität

An die Arbeitnehmerrolle ist das Entlassungsrisiko geknüpft. Entlassung bedeutet Arbeitslosigkeit oder ungewollten Betriebswechsel. Erzwungene Mobilität führt unter den Modellbedingungen des vollkommenen Marktes — unbehinderte Wahl der Arbeitsstätte aufgrund perfekter Information — stets zu einer Verschlechterung der individuellen Beschäftigungsbedingungen. Unter weniger idealen Verhältnissen müssen mindestens diejenigen mit Verschlechterungen rechnen, die bisher eine ihren Wünschen weitgehend entsprechende Position innehatten. Falls es für sie überhaupt gleichwertige Stellen gibt, fällt es ihnen oft schwer, so lange zu warten, bis sie eine solche Stelle gefunden haben; häufig ergreifen Entlassene die erstbeste Gelegenheit, die sich ihnen bietet.

Das Ausmaß an unfreiwilliger Mobilität hängt zum Teil von den Schwankungen der gesamtwirtschaftlichen Arbeitsnachfrage ab. Eine präventiv wirkende Vollbeschäftigungspolitik kann das Entlassungsrisiko wesentlich abschwächen; damit fördert sie zugleich das freiwillige

---

[70] Siehe *Laurence C. Hunter* and *Graham L. Reid*, Urban Worker Mobility, OECD, Paris 1968, S. 144 - 148.
[71] *Hunter* and *Reid*, a.a.O., S. 109.

Aufsuchen günstigerer Arbeitsstätten[72]. Für sich allein reicht sie aber nicht aus, denn auch in Vollbeschäftigungsperioden finden ständig Umschichtungsvorgänge statt, in denen zahlreiche Arbeitnehmer entlassen und auf Tätigkeiten abgedrängt werden, die sie freiwillig nicht gewählt hätten. Die makroökonomische Beschäftigungspolitik wird deshalb in der Regel durch sozialpolitische Schutzvorkehrungen ergänzt, die die Weiterbeschäftigung unrentabler Arbeitskräfte erleichtern oder den Arbeitgebern Entlassungshindernisse in den Weg legen.

Zur ersten Gruppe zählt z. B. die Gewährung von Kurzarbeiterunterstützung. Sie ermöglicht dem Arbeitgeber, bei vorübergehenden Absatzschwierigkeiten einen Teil seiner Lohnausgaben einzusparen, ohne deshalb Arbeitskräfte entlassen zu müssen. Werden statt der Kompensation ausgefallener Stundenverdienste die Lohnsätze befristet subventioniert, so können die Unternehmer Preissenkungen vornehmen und damit nachfrage- oder kostenbedingte Absatz- und Produktionseinbrüche auffangen.

In die zweite Gruppe fallen gesetzliche und kollektivvertragliche Regelungen, welche dem Arbeitgeber bei einer Entlassung zusätzliche Kosten auferlegen (z. B. Entlassungsentschädigungen) oder seine Kündigungsrechte beschneiden (z. B. Vorschriften über Kündigungsfristen und zulässige Entlassungsgründe). Diese Maßnahmen dürften tendenziell die betrieblichen Entlassungsquoten senken.

Abfindungsauflagen ändern die Relation zwischen den Entlassungskosten und den Kosten der Weiterbeschäftigung; sie stimulieren damit vorbeugende personalpolitische Aktivitäten, z. B. betriebliche Fortbildungs- und Umschulungsmaßnahmen[73]. Zum Teil muß der Arbeitgeber bei Entlassungen mit finanziellen Nachwirkungen rechnen, etwa im Falle des „experience rating"-Systems der amerikanischen Arbeitslosenversicherung, bei kollektivvertraglich vereinbarten „garantierten Jahreslöhnen" oder bei der Entlassung von Arbeitern mit unverfallbarem Pensionsanspruch.

Längere Kündigungsfristen erschweren Entlassungen „im Affekt"; mitunter mag die bereits ausgesprochene Kündigung nach einiger Zeit zurückgenommen werden, weil der akute Anlaß inzwischen behoben ist. Dem Arbeitnehmer geben sie zudem Gelegenheit, sich rechtzeitig nach einer gleichwertigen Stelle umzusehen. Bei mehrmonatlicher beidseitiger

---

[72] Die Quote der freiwilligen Kündigungen variiert parallel zum Konjunkturverlauf. Siehe *Paul A. Armknecht* and *John F. Early*, Quits in Manufacturing: A Study of their Causes, Monthly Lab. Rev., Vol. 95 (1972), S. 32.
[73] Siehe E. *Robert Livernash*, An Active Employer Manpower Policy, in: Industrial Relations Research Association, Proceedings of the Nineteenth Annual Winter Meeting, Madison 1967, S. 211.

Bindung können dem Arbeitnehmer freilich auch Verbesserungschancen verbaut werden.

Vielfach sind Entlassungen nur zulässig, wenn bestimmte Gründe vorliegen. In der Bundesrepublik sind beispielsweise alle Kündigungen rechtsunwirksam, die nicht durch Gründe in der Person oder im Verhalten des Arbeitnehmers oder durch dringende betriebliche Erfordernisse bedingt sind (§ 1 Abs. 2 KSchG). Die Liste der zugelassenen Gründe kann mehr oder weniger lang sein. In manchen Fällen, z. B. für Beamte und langjährige Angestellte des öffentlichen Dienstes, ist sie so kurz, daß sie einem „Entlassungsverbot" gleichkommt.

Soweit Entlassungen unvermeidlich sind, ist es für eine sozialpolitisch optimale Verteilung der Arbeitskräfte nicht gleichgültig, welche Personen ihren Arbeitsplatz räumen müssen. Besondere Beachtung verdienen deshalb Eingriffe, welche die Auswahl der zu Entlassenden beeinflussen. Die gängigen Regelungen sind nicht darauf zugeschnitten, gerade diejenigen zu schützen, die bereits „optimal plaziert" sind. Ein gezielter Schutz dieses Personenkreises wird anscheinend kaum erwogen. Es gibt aber einige Vorkehrungen, die immerhin einen Teil der „Zufriedenen" faktisch begünstigen oder — bei entsprechender Handhabung — begünstigen könnten.

Unter diesem Aspekt sind vor allem die in Amerika üblichen Senioritätsregelungen zu erwähnen. Sie verpflichten die Arbeitgeber, Arbeiter mit langer Betriebszugehörigkeit zuletzt zu entlassen und zuerst wieder einzustellen. Da Arbeitnehmer der oberen Dienstaltersstufen in der Regel mehr Arbeitszufriedenheit bekunden als Dienstjüngere[74], kann man annehmen, daß auf diese Weise ein beachtlicher Teil der Beschäftigten vor beruflichen Verschlechterungen geschützt wird. Soweit auf dem Markt Altersdiskriminierungen, Praktiken interner Rekrutierung oder Dienstaltersvergünstigungen bei den Beschäftigungsbedingungen üblich sind oder die Vollbeschäftigung nicht gewährleistet ist, können solche Schutzvorkehrungen aber auch als Austrittshindernisse wirken.

Ähnliche Wirkungen sind mit generellen Auswahlklauseln erreichbar, wie sie etwa das Kündigungsschutzgesetz enthält. Nach § 1 Abs. 3 KSchG ist die Kündigung unwirksam, „wenn der Arbeitgeber bei der Auswahl des Arbeitnehmers soziale Gesichtspunkte nicht oder nicht ausreichend berücksichtigt hat". Der allokative Effekt solcher inhaltlich unbestimmter Leitsätze hängt von der Auslegung ab. Die derzeitige Rechtsprechung achtet anscheinend in erster Linie auf Lebens- und Dienstalter, Familienstand, Unterhaltspflichten, Vermögensverhältnisse, Nebeneinkünfte, Gesundheitsschädigungen und die Erwerbsaussichten auf dem Arbeits-

---

[74] Siehe *Frederick Herzberg* et al., Job Attitudes: Review of Research and Opinion, 2. Aufl., Pittsburgh 1967, S. 11 - 13.

markt⁷⁵, nicht aber auf die Zufriedenheit mit dem Arbeitsplatz. Die „Zufriedenen" kündigungsrechtlich zu sichern, mag als besonders schwierig erscheinen, weil es an operationalen Tatbestandsmerkmalen fehlt. Das „Meßproblem" dürfte aber nicht schlechthin unlösbar sein, ist doch die Ermittlung „psychischer Tatsachen" ein alltägliches Geschäft jeder Rechtsprechung. Faktisch wird die psychische Bindung an eine bestimmte Arbeitsstätte von der Spruchpraxis teilweise „mit umgekehrtem Vorzeichen" berücksichtigt: wenn ein Arbeitnehmer seinen Widerwillen gegen ihm übertragene Aufgaben oder seine Abkehrneigung zu erkennen gegeben hat, wird den zu seinen Gunsten sprechenden Umständen anscheinend weniger Gewicht beigelegt[76].

Weitere Möglichkeiten, gut plazierte Arbeitnehmer zu schützen, bietet die fortschreitende „Institutionalisierung" des Entlassungsvorgangs. Stand die Entlassung früher allein im Ermessen des Arbeitgebers, so ist es heute weithin üblich, zusätzliche Instanzen einzuschalten: Betriebsräte, Gewerkschaftsfunktionäre, Schiedsstellen, Behörden. An die Stelle eines schlichten Willensaktes tritt nun ein mehr oder weniger formalisiertes, häufig mehrstufiges Verfahren. Die Mitwirkung Dritter trägt vermutlich dazu bei, Entlassungen zu „individualisieren". Der Arbeitgeber wird sich intensiver mit den einzelnen Fällen befassen müssen. In der Beratung können persönliche Belange der Betroffenen zur Sprache kommen, Vorurteile ausgeräumt und unterschiedliche Auswahlgesichtspunkte an konkreten Fällen durchgespielt werden. Welche Arbeitnehmer durch diese Umgestaltung des Auswahlverfahrens begünstigt und welche benachteiligt werden, ist noch nicht deutlich erkennbar[77]. Ob insbesondere die Gruppe der „optimal Plazierten" zu den Nutznießern zählt, wird davon abhängen, wieweit „hohe berufliche Zufriedenheit" in der Gesellschaft als schutzwürdiger Wert akzeptiert wird.

III. Zur wohlfahrtspolitischen Zweckmäßigkeit einer „rein sozialpolitischen" Allokationspolitik

Eine Verpflichtung der allokativen Arbeitsmarktpolitik auf die sozialpolitischen Ziele größerer Verteilungsgerechtigkeit und Arbeitszufriedenheit könnte der Wirtschaftspolitik ein für sie nützliches Mittelarsenal

---

[75] *Günter Schaub*, Arbeitsrechtshandbuch, München 1972, S. 522.
[76] *Rudolf Dietz* (Hrsg.), Fundhefte des Arbeitsrechts, Bd. 7 (1960), S. 169; *Rolf A. Winter*, Der sozialgerechte Kündigungsgrund. Göttinger Dissertation. 1960, S. 108 - 114.
[77] Bei einer Befragung zur Mitbestimmungspraxis erklärten Betriebsratsvorsitzende, daß bei größeren Entlassungen zunächst Ledige und Doppelverdiener herausgesucht und im übrigen soziale Verhältnisse und Gewerkschaftszugehörigkeit berücksichtigt würden (*Otto Blume*, Normen und Wirklichkeit einer Betriebsverfassung, Tübingen 1964, S. 138 - 139).

entziehen. Es wäre deshalb zu klären, in welcher Verwendung dieses Potential mehr zur „gesellschaftlichen Wohlfahrt" beiträgt: als „soziale" oder als „ökonomische" Allokationspolitik?

Eine „beweisbare" Antwort dürfte kaum erhältlich sein. Hier muß eine stark pointierte Problemskizze genügen. Auf eine ihrer Fiktionen sei ausdrücklich hingewiesen: es wird unterstellt, daß die Ausrichtung des gesamten Aktionsbündels „allokative Arbeitsmarktpolitik" zur Debatte steht. In der Praxis ist hingegen meistens nur über marginale Akzentverschiebungen zu entscheiden, etwa über Ausführung oder Unterlassung einer Einzelmaßnahme. Die Struktur des Problems wird von diesem Unterschied aber nicht berührt. Die Fragestellung läßt sich in sechs Problemschritte aufteilen:

(1) Wenn sich die Allokationspolitik vorrangig an nichtökonomischen Zielen orientiert, wird die Marktallokation nicht den sonst möglichen Grad an ökonomischer Effizienz erreichen. Bei sozialpolitischer Ausrichtung werden manche Arbeiter statt einer produktiveren eine für sie befriedigendere Tätigkeit wählen. Diese impliziert ceteris paribus eine Einbuße an wirtschaftlichem Wachstum. Ob aber die „cetera" gleichbleiben, müßte erst untersucht werden. Zunehmender Arbeitszufriedenheit wird häufig eine positive Wirkung auf die Arbeitsleistung zugeschrieben. Der allokationsbedingte Wachstumsverlust könnte also kompensiert werden. Da aber weitgehend offen ist, unter welchen Bedingungen und in welcher Stärke solche Leistungsimpulse zu erwarten sind[78], wird man einen Netto-Wachstumsverlust einkalkulieren müssen.

(2) Es fragt sich dann, ob diese Wachstumsminderungen als „Kosten" anzusetzen sind. Die Antwort ist keineswegs selbstevident, vielmehr von Inhalt und Rangordnung der gesellschaftspolitischen Ziele (der gesellschaftlichen „Wohlfahrtsfunktion") abhängig. Wenn es — was sich gleichfalls nicht von selbst versteht — der Politik letztlich auf die Bedürfnisbefriedigung physischer Personen ankommt, entstehen durch Wachstumseinbußen nur insoweit „Kosten", wie davon diejenigen getroffen werden, auf die sich das Zielbündel bezieht. Die gängigen wirtschaftspolitischen Teilziele (z. B. des Stabilitätsgesetzes) sind, abgesehen von ihrem jeweiligen nationalen Geltungsbereich, „personell neutral". Ihr wichtigstes Element, das Wachstumsziel, verlangt nur die Vermehrung der verfügbaren Gütermenge (des „Sozialprodukts pro Kopf der Bevölkerung"), nicht aber eine bessere Güterversorgung bestimmter oder aller Gesellschaftsmitglieder. Für welche Personen ein höheres Versorgungsniveau erstrebt wird, ergibt sich in der Regel nur (implizit) aus dem sozialpolitischen Teilziel der „gerechten Einkommensverteilung".

---

[78] *Donald P. Schwab* and *Larry L. Cummings*, Theories of Performance and Satisfaction: A Review, Industrial Relations, Vol. 9 (1970), S. 428.

Man scheint demnach in erster Linie Versorgungsverbesserungen für wirtschaftlich Schwache ins Auge zu fassen. Ob die Versorgungslage der „Nicht-Schwachen" versehentlich oder absichtlich außer acht gelassen wird, müßte allerdings noch geklärt werden.

Sofern nur die „Schwachen" die Zielgruppe sind, stellt sich die Frage, ob ihre Versorgungsaussichten durch die bei sozialer Allokationspolitik vielleicht eintretenden Wachstumsverluste überhaupt beeinträchtigt werden. Wird unterstellt, daß eine partiell anti-monopsonistisch wirkende Arbeitsmarktpolitik den Einkommensanteil der Schwachen erhöht, so ist das nicht ausgemacht. Wenn beispielsweise mit „ökonomischer" Allokationspolitik ein Sozialprodukt von 100 und ein Anteil der Schwachen von 60 % erreicht werden, mit „sozialer" Allokationspolitik hingegen ein Sozialprodukt von 90 und ein Anteil der Schwachen von 70 %, beträgt die Güterversorgung der Schwachen im ersten Fall 60, im zweiten 63 Einheiten.

(3) Falls durch die Wachstumsverluste keine „Kosten" entstehen, wäre die Entscheidung für eine „soziale" Allokationspolitik wohlfahrtspolitisch zweckmäßig: die Versorgungslage der Schwachen würde verbessert (oder jedenfalls nicht verschlechtert), außerdem erhöhte sich annahmegemäß die Arbeitszufriedenheit. Ein Verzicht auf „soziale" Allokationspolitik käme in diesem Falle nur dann in Betracht, wenn vorteilhaftere Mittel zur Verbesserung der Lebenslagen Schwacher verfügbar sind, deren Wirksamkeit durch „soziale" Allokationsmaßnahmen beeinträchtigt würde. Derartige Alternativen scheint es aber nicht zu geben.

(4) Falls bei „sozialer" Allokationspolitik mit Kosten zu rechnen ist, wäre zu prüfen, ob die sozialen Verbesserungen auf andere Weise „kostenlos" erhältlich sind. Als instrumentelle Alternative käme wohl nur ein System von externen Einwirkungen auf die Gestaltung der Beschäftigungsbedingungen in Betracht, also vor allem die staatlich-gewerkschaftliche Regulierung der Löhne und Arbeitsbedingungen. Daß diese Strategie „kostenlos" sein könnte — mehr Arbeitszufriedenheit einbrächte, ohne die Versorgung der Schwachen zu beeinträchtigen —, ist schwer vorstellbar. Was speziell den Gewerkschaftseinfluß betrifft, wird vielfach angenommen, daß der „lohnpolitische Verteilungskampf" ökonomisch nachteilig wirkt (insbesondere: den Preisauftrieb fördert und, infolge von Arbeitskämpfen, die Produktion mindert), die Einkommensverteilung aber nicht deutlich verbessert. Ein intensiverer Einsatz der gewerkschaftlichen Machtmittel zugunsten einer Verbesserung der Arbeitsbedingungen ginge vermutlich zu Lasten des Reallohns.

(5) Sind die Ziele „mehr Arbeitszufriedenheit" und „bessere Versorgung der Schwachen" inkompatibel, so fragt es sich, ob man bereit ist, die Kosten erhöhter Arbeitszufriedenheit zu tragen. Man muß also

abwägen zwischen dem Interesse an Arbeitszufriedenheit, das die Schwachen in ihrer Eigenschaft als Produzenten haben, und ihrem Versorgungsinteresse, das sie als Konsumenten haben.

Diese Rangabwägung muß nicht notwendig „normativ" sein. Wenn es darauf ankommt, die Wohlfahrt von Individuen zu maximieren, kann die Rangordnung unter den Teilbedürfnissen prinzipiell rein erfahrungswissenschaftlich abgeklärt werden. Daß dabei interpersonelle Nutzenvergleiche nötig sein mögen, braucht die Wissenschaft nicht zu schrecken. Seitdem — spätestens mit der Philosophie Poppers — klar geworden ist, daß es keine scharfe Grenze zwischen „beobachtbaren" und „nicht beobachtbaren" Sachverhalten gibt[79], dürfte es überholt sein, der Wissenschaft prinzipiell zu „verbieten"[80], was wir im Alltag (z. B. als Eltern) für möglich und sinnvoll halten. Werturteile mögen allenfalls dann nötig sein, wenn sich nach Berücksichtigung aller verfügbaren Indizien und sorgfältiger Prüfung ihrer relativen Verläßlichkeit herausstellt, daß die Einbußen der potentiellen Verlierer genau so groß sein werden wie die Vorteile der potentiellen Gewinner. Vermutlich ist dies aber ein irrealer Grenzfall. Normativ wäre somit nur die Entscheidung für eine individualistische Wohlfahrtsfunktion (und, eventuell, die sozialpolitische Grundnorm).

Der aktuelle Ruf nach „mehr Lebensqualität" — der „mehr Arbeitszufriedenheit" einschließt — mag als Indiz dafür gelten, daß den Arbeitnehmern ihr „Produzenteninteresse" heute zunehmend bewußt wird[81].

(6) Die Entscheidung für eine „soziale" oder eine „ökonomische" Allokationspolitik auf dem Arbeitsmarkt hängt dann davon ab, ob die soziale Allokationspolitik „billiger" oder „teurer" ist als die Reglementierung der Beschäftigungsbedingungen. Der Kosten-Nutzen-Vergleich müßte klären, welche der beiden sozialpolitischen Strategien um den Preis „einer Versorgungseinheit" mehr „Einheiten an Arbeitszufriedenheit" einbrächte. Von allen Problemen unserer Liste ist dies wohl das schwierigste. Wir beschränken uns auf einige Aspekte der „Ertragsseite".

---

[79] Siehe etwa *Karl R. Popper*, Logik der Forschung (1934), 5. Aufl., Tübingen 1973, S. 70.

[80] So z. B. *Lionel Robbins*, An Essay on the Nature and Significance of Economic Science (1932), 2. Aufl., London 1952, S. 137 - 141.

[81] Wieweit die Arbeiter tatsächlich bereit sind, für Verbesserungen ihrer Arbeitsbedingungen auf einen Teil des sonst möglichen Einkommenszuwachses zu verzichten, ist freilich umstritten.
Sar A. Levitan and *William B. Johnston* (Job redesign, reform, enrichment — exploring the limitations, Monthly Lab. Rev., Vol. 96 (1973), S. 39) sehen keine Anzeichen „of ... willingness by industrial workers to lower their standards of living in order to have more satisfying jobs. ... It appears that for most workers the quality of work is less important than the standard of living".

Eingriffe in die Arbeitsbedingungen können die Arbeitszufriedenheit — in zweifacher Hinsicht — nur ausschnitthaft steigern:

Erstens läßt sich wohl nur ein Teil der individuellen Arbeitsbedingungen durch staatlich-gewerkschaftliche Maßnahmen verbessern.

— Viele Zufriedenheitsbedingungen sind faktisch kaum reglementierbar, z. B. betriebliche Kollegialität oder die Anerkennung für die geleistete Arbeit.
— Bei anderen sind Eingriffe nicht sinnvoll, weil die Arbeitnehmer konträre Interessen haben. Wenn die eine Hälfte der Arbeiter Gruppenarbeit und die andere Einzelarbeit bevorzugt, brächte eine generelle[82] gewerkschaftlich-staatliche Regelung nur Kosten, aber keinen Netto-Nutzen.

Zweitens wird oft nur ein Teil der Arbeitenden von generellen Eingriffen profitieren.

— Einige Arbeiter mögen gerade solche Teilbedingungen für unwichtig halten, die sich von außen relativ leicht beeinflussen lassen, etwa die betriebliche Gesundheitsfürsorge oder Mitbestimmung im Unternehmen.
— Andere gehören in allen Teilbereichen zur „Minderheitsgruppe", deren Interessen übergangen werden. Sie können sich bei generellen Regelungen sogar verschlechtern.
— Manche Arbeiter werden sich deshalb nicht verbessern, weil sie bei einigen Teilbedingungen zur Mehrheit und bei anderen zur Minderheit zählen.
— Generelle Regelungen sind oft schwer revidierbar. Wenn sich die Interessenstrukturen ändern, können Arbeitsbedingungen, die man heute als sozialen Fortschritt begrüßt, morgen als belastend empfunden werden.

Demgegenüber glaubt *William F. Whyte* (Organizations for the Future, in: Gerald G. Somers (ed.), The next twentyfive Years of Industrial Relations, IRRA, Madison 1973, S. 133 - 134): „Pressures from workers toward the humanization of work seem to be rising, at least in industrialized countries... Rising levels of living seem to produce a decline in the strength of material incentives and an increase in concern for social meaning in the workplace." Aktuelle Anzeichen dafür sieht er in Forderungen amerikanischer Gewerkschaften (namentlich: der Automobilarbeiter) an die Arbeitgeber, über die Humanisierung der Arbeit in gleicher Weise mit ihnen zu verhandeln wie über die traditionellen Gegenstände der Kollektivverträge.

[82] Bei kollektivvertraglichen Regelungen sind zwar individualisierende Lösungen denkbar — z. B. in Gestalt von Firmenverträgen, die den Unternehmer verpflichten, Einzel- und Gruppenarbeitsplätze in bestimmten, den Belegschaftspräferenzen entsprechenden Proportionen bereitzustellen —, doch scheint ihre Verwirklichung aus naheliegenden praktischen (z. B. organisationspolitischen) Gründen bisher nicht ernsthaft in Betracht gezogen zu werden.

Obgleich Eingriffe in die Arbeitsbedingungen allen Arbeitenden gewisse (Versorgungs-)„Kosten" aufbürden, ist es bei interpersonell divergierenden Interessen kaum möglich, auf diesem Wege allen mehr Arbeitszufriedenheit zu verschaffen. Der allokationspolitische Weg könnte unter beiden Aspekten etwas weiter führen. Durch gezielte Umallokation können grundsätzlich auch diejenigen besser gestellt werden, denen Eingriffe in die Arbeitsbedingungen nichts nützten. Außerdem könnten die Beschäftigten durch Arbeitsplatzwechsel auch solche Teilbedingungen für sich verbessern, die staatlich-gewerkschaftlichen Eingriffen nicht zugänglich sind.

Allokative Verbesserungschancen bestehen allerdings nur insoweit, wie auf dem Markt überhaupt bessere Plätze verfügbar sind[83]. Verbesserungen für alle Arbeitenden dürften deshalb durch Umallokation allein ebensowenig zu erzielen sein wie durch generelle Eingriffe. Die Wirkungen einer sozialpolitisch orientierten Allokationspolitik reichten aber vermutlich weiter.

Wenn die Arbeitsanbieter mehr als bisher zu Plätzen mit höheren Zufriedenheitschancen streben, darf man erwarten, daß die Nachfrager ihre Arbeitsbedingungen dieser Tendenz anpassen. Das am Markt verfügbare „Sortiment" an Arbeitsplätzen wird sich breiter ausfächern und ein höheres Niveau erreichen. Damit werden auch den Arbeitnehmern zusätzliche Chancen eröffnet, die nicht wechseln wollen, weil sie schon subjektiv optimale Plätze innehaben, oder die nicht wechseln können, weil alle besseren Plätze zur Zeit besetzt sind.

Fraglich ist allerdings, wie stark die Tendenz zur Steigerung der Arbeitsplatzqualität wäre. Die Reaktion der Unternehmer auf zunehmendes Interesse an nicht-monetären Verbesserungen wurde bisher nur im Hinblick auf die Arbeitszeitverkürzung untersucht. Dabei hat sich gezeigt, daß Verkürzungen unter dem Druck äußerer (namentlich: gewerkschaftlicher) Eingriffe wesentlich früher erreicht wurden als in Sektoren, in denen lediglich Marktkräfte wirksam waren[84]. Die gleiche Anpassungsträgheit wird häufig auch in bezug auf die übrigen Arbeitsbedingungen vermutet[85].

---

[83] Mitunter mag freilich schon eine Förderung der Fluktuation zwischen subjektiv gleichwertigen (z. B. gleich eintönigen) Beschäftigungen — eine „zwischenbetriebliche Job-Rotation" — zu höherer Arbeitszufriedenheit beitragen.
[84] *Richard A. Lester,* Economics of Labor, 2. Aufl., New York - London 1964, S. 358.
[85] Siehe z. B. *John R. Hicks,* The Theory of Wages, 2. Aufl., repr. London 1966, S .110.

Wir wollen den „Nutzenvergleich" zwischen den beiden sozialpolitischen Wegen damit abbrechen. Anscheinend ist keiner von ihnen dem anderen eindeutig überlegen oder für sich allein ausreichend. Der Weg der direkten Eingriffe ist ziemlich schmal, erlaubt aber dort rasche Fortschritte, wo er gangbar ist. Der allokationspolitische Weg ist wesentlich breiter, führt aber erst nach längerer Zeit in die Nähe des Ziels.

Damit muß auch unsere Ausgangsfrage nach der zweckmäßigsten „Allokation" der allokativen Arbeitsmarktpolitik letztlich offenbleiben. Worauf es uns ankam, war lediglich, die sozialpolitischen Wirkungsmöglichkeiten dieses Mittelpotentials etwas ins Licht zu heben.

Printed by Libri Plureos GmbH
in Hamburg, Germany